DOMESTIQUES

ET MAITRES

DOMESTIQUES

ET MAITRES

A PROPOS DE QUELQUES CRIMES RÉCENTS

PAR

UN MAGISTRAT

PARIS

E. DENTU, ÉDITEUR

LIBRAIRE DE LA SOCIÉTÉ DES GENS DE LETTRES

PALAIS-ROYAL, 15-17-19, GALERIE D'ORLÉANS

—

1885

AVANT-PROPOS

L'Étude que nous publions ici sur l'une des questions sociales les plus importantes et les plus ardues est le fruit d'observations et de réflexions faites depuis quelques années. Frappé de l'état alarmant de la domesticité chez nous, nous avons pensé que c'était une œuvre utile, pour tout homme qui a le souci de la régénération et des destinées de la famille en France, de rechercher les voies et moyens

pratiques par lesquels on pourrait améliorer,
en la réformant, cette classe intéressante de
la société qui fait partie intégrante de la famille. Néanmoins ce travail, pour ainsi dire
improvisé sous la pression de l'actualité,
n'aurait, afin d'être plus complet, paru que
bien plus tard si, ému de certains crimes
récents, nous n'avions vu dans ces faits, qui
ont ramené le mal qui travaille notre domesticité à un état particulièrement aigu,
la goutte d'eau qui fait déborder le vase !

Dans une question comme celle que
nous traitons, où deux grands intérêts sont
en présence, celui des maîtres et celui des
serviteurs, un grand devoir s'impose à l'é-
crivain : c'est une impartialité absolue dans
la répartition des responsabilités respec-

tives qui surgissent de la recherche des causes du mal. — Cette impartialité doit être d'autant plus rigoureuse ici que la Politique n'a pas peu contribué, par son influence, à creuser l'antagonisme naturel qui existe entre le maître et le domestique. L'esprit de parti doit donc être absolument banni de tout jugement à porter sur chacun des deux antagonistes. Autrement, mieux vaudrait mille fois, pour l'écrivain moraliste qui poursuit le but d'une réforme sociale, jeter sa plume au feu que de sacrifier la moindre parcelle de la vérité, si dure qu'elle soit à dire à l'un comme à l'autre!

Nous avons la conviction de n'avoir pas failli à ce devoir.

PRÉAMBULE

Parmi les crimes qui, croissant depuis quelque temps moins encore en nombre qu'en audace et en férocité, jettent chaque jour dans le pays la consternation et l'épouvante, il en est un, commis tout récemment, qui a profondément ému l'opinion et dont le caractère, tout à fait à part, appelle l'attention de tous ceux qu'intéressent les questions sociales, et singulièrement la plus grave de celles qui touchent à l'organisation même de la famille, base primordiale de la société : c'est l'assassinat domestique de la rue de Sèze ! — Trois mois se sont écoulés depuis cette nuit lugubre dans laquelle Marchandon a si lâchement égorgé sa victime, et les impressions de l'opinion n'ont pas changé ! — C'est que ce crime, qui prendra rang exceptionnel dans les annales des grands forfaits de notre époque, s'empreint d'une couleur sombre et sinistre de trahison domestique, la pire de toutes les trahisons, parce que c'est la trahison d'une confiance *obligée*, contractuelle, stipulée sous le double sceau de l'honneur et de l'abandon de soi-même. — Le crime de la rue de Sèze touche à tous les intérêts qu'il alarme, à tous les sentiments qu'il offense, car dans les temps d'instabilité sociale et politique où nous vivons, il n'est personne ici-bas qui n'ait été, n'est ou ne sera maître ou domestique, serviteur ou servi, obéissant ou obéi. — Il vise et atteint surtout la sécurité du foyer domes-

tique! du foyer domestique, source de toute
affection vraie, refuge de toute probité méconnue, école rudimentaire des principes de vertu
et d'honneur, sanctuaire des mœurs et des vo-
luptés saintes et consolateur suprême de la
vie!!! Et c'est en cela que ce drame est un
signe de nos temps troublés et qu'il sollicite,
encore un coup, les méditations du philosophe
et de l'économiste, en vue de la recherche des
moyens d'en prévenir le retour!

En effet, il y a ici, en premier lieu, dans l'imitation qui suit d'ordinaire, comme par une
sorte de *mode*, tous les crimes qui se distinguent
par quelque caractère de nouveauté, ainsi que
cela s'est vu, d'abord pour le vitriol, et ensuite
pour le revolver, dont l'usage a, grâce à ce déplorable esprit d'imitation, passé si vite, hélas!
dans nos mœurs à la suite des premiers crimes
commis de la sorte, il y a ici un danger évident pour la sécurité intérieure des familles,
puisque la voie est désormais ouverte à l'assas-

sinat domestique par l'exemple de Marchandon.
— D'autre part, depuis la création des voies de
communication de terre et de fer et leur admirable propagation en France, nos habitudes et
nos mœurs se sont entièrement transformées.
— Jadis, le voleur attendait au coin d'un bois
ou dans un chemin creux le voyageur attardé
chevauchant péniblement sur sa monture isolé
de toute compagnie ; et celui-ci, surpris brusquement par cette question suprême : *La bourse
ou la vie !* avait, au moins, la chance de se défendre et d'engager une lutte dans laquelle il
pouvait avoir le dessus. — Mais, aujourd'hui
que nos voies nouvelles de communication, si
favorables à la circulation des voitures, et où
le voyageur est rarement seul, ont coupé les
vivres aux voleurs de grands chemins, c'est
dans le domicile même de sa victime désignée
d'avance que le voleur ou l'assassin s'introduit
clandestinement. Il en est réduit à s'insinuer
avec subtilité jusque dans l'intérieur du toit

domestique. — Le voleur de grand chemin avait au moins le triste courage, en attaquant sa victime inconnue, d'affronter les hasards et les périls d'une lutte ; l'assassin et le voleur du toit domestique, introduit dans la place, choisit, au contraire, son heure pour sortir de la cachette où il s'est blotti pendant la nuit ou dans le jour, et là, armé d'une barre de fer, d'une hachette ou même d'un couteau comme l'assassin de Mme Cornet, il s'approche à pas de loup de sa victime, la surprend dans le sommeil ou dans la préoccupation et consomme lâchement la perpétration de son crime. — Voilà pourtant ce que le progrès de nos mœurs et de nos institutions nous a ménagé !!

Or, cette tâche de l'introduction dans la demeure de la victime est rendue facile au scélérat par les complicités domestiques, le plus grand danger de notre malheureuse société moderne, travaillée par tant de convoitises, tant d'appétits matériels malsains et tant d'aspirations antisociales. — C'est de cette manière que fut commis, il y a quelques années, un autre crime resté célèbre, qui terrifia tout le midi de la France, en donnant la mesure du péril de ces complicités domestiques et que nous devons rappeler ici. — M. le baron de la Tombelle, venu seul, en octobre 1873, dans son château d'Ampouillac, situé sur les bords de l'Ariège, arrondissement de Muret, vieux château féodal isolé et illustré par le séjour qu'y fit Simon de Montfort dans la croisade contre les Albigeois, avant de livrer bataille à Pierre d'Aragon, y fut lâchement assassiné par un ouvrier charpentier qu'il employait et qu'introduisit, un soir, à la suite d'un complot formé à l'avance, son domestique Mitron qu'il honorait de sa confiance et qu'il avait comblé de bontés. — Après son dîner, servi par ce domestique, et une promenade dans son parc, M. de la Tombelle, qui avait lui-même fermé et verrouillé la porte unique par laquelle les maîtres pénétraient dans le château, s'était paisiblement installé dans un fauteuil de son cabinet de travail situé au premier étage et y lisait devant une table éclairée par une lampe, ayant le dos tourné à la porte qu'il avait laissée grande ouverte. — La cuisinière se retirant tous les soirs à huit heures, après son service, dans les dépendances un peu distantes du château où elle résidait avec son mari, maître valet, M. de la Tombelle restait seul dans l'habitation avec son domestique qui avait ainsi la garde et le dépôt sacré de la personne de son maître. — Par la seule autre porte donnant, sur l'un des flancs du château, accès aux gens de service, fut introduit, à huit heures et demie, Lasserre, qui arrivait armé d'une hachette. — Après quelques libations à la cuisine, ces deux scélérats ayant quitté leurs chaussures gravirent à pas de loup l'escalier du château, Lasserre précédant, sa hachette à la main, le domestique qui tenait le flambeau, et arrivèrent ainsi

jusque sur le seuil du cabinet de M. de la Tombelle qui, atteint de surdité, n'entendit rien
venir. — C'est alors que, s'élançant d'un bond
avec son arme levée, Lasserre en porta un coup
terrible sur la tête de sa victime qui tomba en
se débattant, entraînant dans sa chute la table
et la lampe. — Puis, à la lueur du bougeoir
que Mitron avait déposé sur la dernière marche
de l'escalier, Lasserre acheva de fracasser le
crâne de la victime avec le côté contondant de
l'arme. — Après le vol commis par Mitron, à
l'aide des clefs retirées des poches du cadavre,
de tout l'argent qui se trouvait dans une ar-
moire à glace, ces deux monstres allumèrent,
sous le cadavre calé avec des livres et reposant
sur un lit de journaux froissés, un incendie destiné, en faisant disparaître les traces du crime,
à faire croire à un accident, et, par un trait de
férocité transcendante et un raffinement de
volupté sanguinaire attestant une ironique et
suprême indifférence en matière de crime, ils

couronnèrent leur forfait en allant cynique-
ment fumer sur les bords de l'Ariège dans l'attente froidement contemplative que le feu eût
consommé son œuvre de destruction, attente
qui fut providentiellement trompée, grâce à
l'agitation prématurée par Mitron de la cloche
d'alarme du château.

Ce drame a une bien autre portée que celui
de la rue de Sèze au point de vue de la question sociale qui nous occupe. — Car, sans rechercher si, comme on l'a dit, Marchandon
faisait ou non partie d'une bande de voleurs
opérant *en condition*, c'est-à-dire s'introduisant
dans les maisons sous le couvert de la domesticité, il paraît bien certain qu'il n'est entré
chez sa victime, sous forme de domestique, que
pour mieux la voler, puisque, loin d'exercer
cette profession de domestique, il menait, au
contraire, à Compiègne, une existence indépendante et même relativement luxueuse, et
la domesticité n'était évidemment ici qu'un

moyen et non un but. — Mitron, au contraire, était depuis plusieurs années au service de M. de la Tombelle et jouissait de l'entière confiance de son maitre. — Si bien que le crime de la rue de Sèze touche plus spécialement la question de la recherche du meilleur mode pour arriver à la sûreté des informations préalables qui doivent présider à l'introduction des domestiques dans les maisons, ce qui nous amènera à examiner le fonctionnement des bureaux de placement, tandis que le forfait d'Ampouillac soulève tous les problèmes qui se rattachent à l'éducation et à la moralisation même de nos serviteurs. — On peut, en définitive, reprocher à Mme Cornet d'avoir pris trop légèrement sur la trop imprudente foi des décevantes attestations d'un bureau de placement ou même sur ses seules apparences un domestique nouveau ; on ne saurait reprocher à M. de la Tombelle d'avoir eu une entière confiance dans un serviteur déjà ancien !

C'est dans les grands centres de population, mais surtout à Paris, que la prostitution occulte des filles de service, qui se pratique, hélas ! sur la plus large échelle, peut favoriser si bien, ainsi que nous le démontrerons plus loin, l'introduction dans les intérieurs de tous les malfaiteurs et repris de justice dont le caprice de ces filles plus ou moins dépravées peut faire des amants !

Il y a donc un immense intérêt social et de protection humanitaire à rechercher par quels moyens pratiques on peut mettre la domesticité, l'un des pivots de cette grande et sainte institution de la famille, à l'abri d'une corruption qui en fait une menace pour la sécurité du toit domestique, c'est-à-dire prévenir, d'abord, par un système d'informations sûres, ces intrusions dangereuses, puis assurer, ensuite, la meilleure réglementation des conditions actuelles si défectueuses de la domesticité et, mieux encore, l'éducation de ceux qui se vouent à la profession de serviteurs!

Aussi bien, de toutes les classes de la société, il n'en est aucune qui ait été jusqu'ici aussi négligée, délaissée, méconnue que la classe des domestiques. — Et cependant, en est-il une qui mérite davantage, même à bien d'autres points de vue que celui qui précède et que nous examinerons également, d'être dirigée, moralisée, perfectionnée soit sous le rapport de son recrutement chaque jour plus malaisé, soit sous le rapport de son éducation et de son traitement? — Des ouvriers industriels et agricoles tous les économistes s'occupent exclusivement; mais aucun d'eux n'a encore daigné aborder, pour l'approfondir et la résoudre, la question domestique, bien autrement importante ! — Car, sans parler du nombre des individus composant cette classe, laquelle, d'après les chiffres du dernier recensement, s'élève aujourd'hui, en France, à 2,389,000 personnes dont un million et demi de femmes, le domestique ne participe-t-il pas à la vie intime du foyer ? Ne concourt-il pas, dans une bien autre mesure que les autres travailleurs, au bien-être de la famille ? — N'a-t-il pas surtout la plus prépondérante influence dans l'éducation première des enfants de la maison par son contact permanent avec eux ? — Ne pénètre-t-il pas dans les secrets de la famille en se mêlant à tous les instants à ses membres ? Et ne doit-il pas, par conséquent, à ce titre de familier intime, figurer au premier plan des études de réforme et d'amélioration sociales, et éveiller, avant tous autres ouvriers, la sollicitude incessante des écrivains économistes et sociaux ?

Dans ce modeste essai que nous tentons ici, nous nous proposons de rechercher d'abord les origines de la domesticité dans l'antiquité; de faire ensuite un tableau fidèle de notre domesticité ancienne et actuelle; puis, après avoir demandé à l'observation philosophique

des faits la révélation des causes du mal qui
travaille aujourd'hui cette classe si intéressante, nous essayerons d'en indiquer le remède.

CHAPITRE I

LE SERVICE DOMESTIQUE DANS L'ANTIQUITÉ

De l'esclavage à Sparte, à Athènes et à Rome. — La domesticité n'est pas une transformation de l'esclavage. — Leur différence profonde. — La domesticité a coexisté avec l'esclavage. — Haine des esclaves contre leurs maîtres. — Le service domestique devenu partout *Impossible*. — Identité, au point de vue de cette *Impossibilité*, des résultats du despotisme antique et de la liberté moderne.

L'un des vices les plus odieux inhérents aux sociétés anciennes, c'est l'*esclavage*. Toutes les nations de l'antiquité, idolâtres, païennes ou bibliques en ont été plus ou moins infectées. Ce que c'était que l'esclavage, avec sa nature perverse, ses atroces misères, son abjection, ses conséquences funestes pour l'individu, pour la famille et pour l'État dont il a partout précipité la corruption et la ruine, il faut le demander aux civilisations grecque et latine, issues l'une de l'autre et qu'il a successivement déshonorées.

De par les mœurs et les lois, à Athènes comme à Sparte et à Rome, l'esclave est dépouillé de son caractère d'homme. Il est ravalé à la condition de la brute, et, pis encore, il devient une *chose*, une *chose* dont le maître peut impunément user et abuser à son gré. Le maître a, sur l'esclave, le droit absolu de vie et de mort. L'esclave n'a pas le mariage légal. Il n'a rien à lui, pas même ses enfants. Tout ce qu'il a est à celui qui le possède. Il est marchandise avec ou sans vices rédhibitoires entre les mains des maquignons. Son témoignage est nul en justice, et, vieux ou infirme, il est jeté dans une ile du Tibre pour y mourir de faim, ayant pour toute sépulture la rapacité des corbeaux. Il est si bien hors la loi que, s'il a le malheur d'épouser une ingénue, la loi autorise le fils à tuer sa mère (1). Un parricide sanctionné par la loi pour le maintien de l'esclavage!... Et cette condition de l'esclave est marquée du double sceau de l'hérédité et de la perpétuité, atteint qu'il est dans sa personne et dans sa race. Vit-on jamais pareil despotisme? Et comme tout despotisme tend à l'excès, lorsque surtout il est aiguillonné par l'intérêt et non contenu par la religion, il excéda bientôt les forces de l'esclave sous le bâton, le fouet, le fer et sous tous les genres de supplice inventés par la cruauté, et dont Plaute n'a pas, dans son théâtre, exagéré la révoltante indication (2).

Que dire, en effet, de ces vertueux Spartiates qui, chaque année, passaient impitoyablement par le fouet tous leurs esclaves quoiqu'ils n'eussent rien fait de mal (3)? — Que dire de cette

(1) Philostrate, *Vie des Sophistes*, l. II, n° 23.
(2) Plaute, l'*Asinaria* et la *Mostellaria*.
(3) Athénée, l. XIV, p. 657.

institution, appelée *Cryptie*, par laquelle ce peuple modèle mettait en coupe réglée, tous les ans, par un décret des Éphores, les ilotes au moyen de l'assassinat clandestin, les faisant égorger par embuscade et guet-apens (1)? C'était la chasse aux ilotes désarmés au profit de l'intéressante jeunesse de Sparte bien armée, dont il fallait, par ce légal exercice, entretenir la main, déjà si bien préparée à la vertu par la pratique autorisée, glorifiée du vol et de l'escroquerie.

Que dire du libertinage abject des Athéniens, de leurs danseuses, leurs joueuses de flûte, leurs courtisanes, esclaves de plaisir, triées pour cela sur les marchés, et dont les ébats scandaleux étaient l'ornement indispensable des banquets publics et privés qui n'étaient que des orgies de débauche? Platon fut-il toujours maître de lui en présence des fautes de ses esclaves (2)?

(1) Plutarque, *Vie de Lycurgue*.

(2) Platon s'étant échauffé contre l'un de ses esclaves donna a Speusippus charge de le châtier, s'excusant d'y mettre la

Aristote ne comparait-il pas l'âne et l'esclave, assignant à l'un comme à l'autre la pâture, le travail et les coups? — Voilà pourtant ce que toléraient les lois de Lycurgue, de Solon et de Dracon, les sages et les philosophes, sans parler d'autres vices honteux que la pudeur la plus vulgaire n'oserait même nommer aujourd'hui!

A Rome, où les empereurs et les grands donnaient l'exemple de la cruauté envers les esclaves, c'était pis encore. Sans entrer ici dans l'énumération de ces horreurs, comment ne pas s'indigner des atrocités d'un Titus, si faussement appelé *les Délices du genre humain*, et qui, après avoir noyé sa victoire en Syrie dans des flots de sang inutilement versé, fit égorger de sang-froid, à Césarée, 1,500 esclaves pour cé-

main lui-même sur ce qu'il était courroucé. — Charillus, Lacédémonien, à un ilote qui se portait trop insolemment et audacieusement envers lui : « Par les dieux! dit-il, si je « n'étais courroucé, je te ferais tout à cette heure mourir ! »

lébrer la naissance de son frère Domitien, et en
fit massacrer autant, à Béryte, en l'honneur de
Vespasien son père? Antoine, au siège de Pérouse,
voyant que les vivres allaient manquer, ne dé-
fend-il pas d'en donner aux esclaves? Et ces malheureux erraient se roulant dans les rues, dévo-
rant l'herbe, et, quand ils étaient morts, il les
faisait jeter dans les fossés. Et, sans parler d'Hé-
liogabale qui, voulant que ses esclaves fussent
toujours occupés, ordonnait, sous peine de mort,
par exemple, à l'un de lui tuer 12,000 mouches,
à l'autre 15,000 araignées ; sans parler d'Au-
guste, lui-même, qui fit crucifier au mât de son
vaisseau son homme d'affaires, Eros, parce qu'il
avait eu la fantaisie de rôtir et manger une caille
que le maître se plaisait à voir dans sa volière,
Caton le Censeur ne voulait-il pas que ses esclaves travaillassent ou dormissent, point de milieu,
comme si le sommeil était à volonté (1)? Et ce

(1) Plutarque, *Vie de Caton le Censeur.*

citoyen romain, Védius Pollion, ne faisait-il pas jeter ses esclaves aux murènes de son vivier pour se donner le plaisir de les voir dévorer en entier, parce que l'un d'eux avait, par mégarde, brisé un vase de cristal (1)? Que dire, surtout, de Minutius Basilus et de Macrin qui, pour la moindre faute de leurs esclaves, les mutilaient à plaisir (2) ; et des combats de gladiateurs, et des jeux du cirque ou la chair et le sang des esclaves vivants étaient jetés en pâture aux bêtes féroces aux applaudissements du peuple roi, insatiable de tels spectacles ?

Pouvons-nous passer sous silence ce sénatus-consulte Silanien, voulant que *tous* les esclaves, abrités sous le même toit et à portée de la voix, fussent mis à mort s'il arrivait que le maître ou la maîtresse de la maison eût été assassiné ; étrange solidarité dont Tacite nous apprend, dans ses *Annales*, qu'on ne tarda pas à réaliser les

(1) Pline, *Hist. natur.*, l. IX. c. xxiii, et Tert.
(2) *La Vie de Macrin*, c. xiii.

effets à l'occasion du meurtre de Pedanius Secundus? On massacra 400 de ces esclaves dont aucun peut-être n'était coupable (1).

La loi Aquilia n'infligeait-elle pas la *même peine* pour avoir tué l'*esclave* d'autrui ou sa *bête de somme* (2)? Et que penser, enfin, de ce principe d'économie domestique du sage Caton, qu'il fallait se défaire d'un esclave vieux ou infirme comme d'un vieux cheval, d'un meuble usé, d'un vieil outil ou d'une vieille ferraille (3)?

Et si les empereurs, les grands et les sages pratiquaient ainsi ces énormités, comme tout vient d'en haut, que devait donc être le sort des esclaves dans les classes inférieures? Car quel citoyen, si peu aisé qu'il fût, n'avait pas d'esclaves à son service quand le prix moyen d'un esclave ordinaire était, en Italie comme en Grèce, d'environ 200 francs de notre monnaie?

(1) Tacite, *Annal.*, l. XIV, c. XLII et suiv.
(2) Digest., *Ad leg. Aquil.*, l. IX, titre II.
(3) Plutarque, *Vie de Caton le Censeur.*

Que pouvait-on, d'ailleurs, attendre d'une institution qui prenait sa source et s'alimentait dans les tristes évolutions de la guerre et de la piraterie, la violence et le vol, ou dans la misère extrême de l'homme que la loi païenne méprisait à ce point qu'elle en autorisait l'aliénation volontaire ou forcée ?

On a dit que la domesticité était une *forme*, une *transformation* de l'esclavage. — Si c'est de la domesticité telle qu'elle existe de nos jours qu'on a voulu parler, il faut avouer que la transformation est plus que complète ou que la forme aurait ici singulièrement emporté le fonds ; car nous sommes loin, Dieu merci ! bien loin du sénatus-consulte Silanien, et je doute fort que ce fût sans danger pour lui qu'un nouveau Védius Pollion s'aviserait de renouveler, avec nos domestiques d'aujourd'hui, le jeu fantaisiste et sanglant des murènes de son vivier !

Ne faut-il pas s'abuser étrangement pour voir la moindre assimilation entre l'*esclavage* et la *domesticité ?* — Quoi de plus contraire, en effet? L'un est un fait de violence ou de vol ; il est toujours imposé par le vainqueur au vaincu, à titre héréditaire et perpétuel ; l'autre est un contrat librement débattu et consenti par deux parties d'une parfaite égalité civile et politique, à titre essentiellement temporaire et révocable. — L'un procède du prétendu droit de la force ; l'autre de la force du droit. — Dans l'un, l'homme obéit malgré lui ; dans l'autre, il obéit volontairement. — L'un est, enfin, la dégradation de l'homme ; l'autre l'élève aux sommets de sa dignité par le travail *libre*, pour l'affranchissement duquel la doctrine évangélique a si longtemps lutté contre la puissance et les persécutions du paganisme, le travail qui, dégagé de toutes les entraves, réglementé, développé par la charité, remunéré, honoré comme il doit l'être, résoudra bien des questions effrayantes parce qu'elles sont mal posées et porte déjà dans ses flancs le criterium de toute sécurité sociale actuelle et l'avenir des sociétés modernes !

Que si l'on cherche une transformation de l'esclavage, ne l'a-t-on pas dans le *servage* de la glèbe aux temps féodaux? Le serf est encore esclave sans doute; mais, au lieu de l'être et de la personne et des biens du maitre, il ne l'est plus que du sol auquel il reste désormais attaché. Le serf a son pécule. Il a le mariage légal, à de tristes conditions à la vérité; mais enfin les profits sinon les honneurs du mariage lui sont acquis. Il a des droits reconnus à la famille; et bientôt, grâce à l'affranchissement des communes d'une part, de l'autre aux victoires remportées par la royauté sur les grands vassaux, jaloux de son pouvoir, grâce aux croisades aussi, le servage va s'acheminant, lentement, il est vrai, mais sûrement, à l'émancipation. N'a-t-on pas dit encore que de l'esclave au serf il n'y avait eu qu'un *changement de faction?* Ce n'est là qu'un spirituel paradoxe historique, heurtant, d'ailleurs, toute vraisemblance. Car

n'en est-il pas de l'humanité comme de l'homme?
N'a-t-elle pas, comme lui, ses infirmités, ses
maladies et la santé? La Providence n'a pas
voulu que l'on passât des unes à l'autre sans
transition, c'est-à-dire sans convalescence. Elle
a même voulu que la convalescence eût d'autant plus de durée que le mal aurait eu plus de
gravité. Or, l'esclavage a été l'une des plus
graves et des plus longues maladies de l'humanité. La convalescence a donc été longue et
pénible aussi dans les langueurs du servage. Et
de combien d'alternatives d'action et de réaction, de recul et de progrès n'a pas été acciden-
tée cette convalescence jusqu'à l'heure solennelle de la guérison qui sonna, dans le sublime
tocsin de 89, le glas funèbre et définitif de la
servitude en même temps que le glorieux avè-
nement et le baptême chrétien de la liberté!

Nous disons le baptême chrétien de la liberté,
parce que nous ne saurions, sans ingratitude,
oublier, en rappelant l'ère nouvelle de notre

rédemption civile et politique, que c'est à la divine rédemption du Christ que nous la devons.

Et pourrions-nous, sans la même ingratitude, ne pas rendre hommage ici à ces grands jurisconsultes romains qui, longtemps avant que l'union se fit, en la personne de Constantin, entre l'autorité suprème et la foi chrétienne, subissaient volontiers la naissante influence de celle-ci. Ils en répandaient autour d'eux l'esprit d'humanité, corrigeant, par leurs sages avis, ce que la législation avait de si dur contre les esclaves, proclamant la faveur de la liberté comme une règle de conduite dans l'interprétation des lois à l'endroit des esclaves, et préparant ainsi, hâtant même, par les tempéraments d'une libérale jurisprudence, la transition d'une législation barbare aux codes moins inhumains de Justinien et de ses successeurs. C'est une des plus marquantes pages de l'histoire que l'alliance qui se fit alors entre la science du Droit et la Foi, la Raison et la Foi marchant, par des voies différentes mais également généreuses, vers le même but, la *Raison écrite*, personnifiée dans les juristes romains, illuminant de leur admirable judiciaire l'esprit des masses, et la Foi la plus pure dans les Pères de l'Église, remuant les cœurs par la plus éloquente sensibilité, les gagnant par leur onction autant que par leurs exemples et ne voulant de la victoire pour les vaincus qu'en la remportant sur les vainqueurs eux-mêmes, non par la voie facile et antichrétienne de l'insurrection des esclaves, mais par la voie, lente, il est vrai, mais pacifique et sûre, de la conversion des maîtres à l'Évangile !

La domesticité fut si peu la transformation de l'esclavage qu'elle a existé avant et pendant l'esclavage. Car il y avait une différence radicale entre ceux qu'on nommait *servus*, *ancilla*, qui perdaient leur liberté, et ceux qu'on appelait *famulus*, *famula*, serviteurs, domestiques, personnes de confiance qui étaient au service d'un maître sans perdre leur liberté. C'est donc une erreur historique d'avoir dit que la domesticité était inconnue des anciens.

L'esclave abondait à vil prix sur les marché chez les peuples belliqueux et pirates de la Grèce et d'Italie. Sparte seule, pour sa population de 30,000 âmes comptait environ 300,000 ilotes. Chaque Spartiate n'avait-il pas autour de lui, à la bataille de Platées, comme nous l'apprend Hérodote, sept esclaves pour faire sans doute à ce héros douteux un rempart de leurs corps? — Il fallait qu'un citoyen fût bien pauvre à Athènes pour se refuser, en se privant d'un esclave, les douceurs du despotisme. Il y avait telle maison, à Rome, où l'on comptait cinq ou six cents esclaves. — Un certain Cecilius Isidorus n'en laissa-t-il pas quatre mille à son décès? Athénée nomme même des personnages qui en possédaient jusqu'à vingt mille. Toute maison un peu bien montée à Rome en avait pour le comfort et tous les besoins de la vie les plus multipliés. C'était un objet de luxe dont on tirait vanité. Les femmes surtout aimaient à s'en entourer soit à la maison soit sur la rue. — En était-on mieux servi pour cela ? Tout au contraire, car c'étaient autant d'ennemis qu'on avait autour de soi, chez soi, et quels ennemis ! Ceux que l'affectation du mépris et la discipline du fouet rendent implacables, vindicatifs et déterminés à tous les excès du vice et du crime ! *Ne pouvant*, selon l'expression de Montesquieu, *rien faire par vertu*, n'ayant goût à rien, pas plus au travail agricole qu'aux occupations urbaines, acculés enfin aux dernières limites du désespoir, les esclaves étaient une cause permanente de terreur pour le maître. Aussi les terres devinrent-elles incultes. C'est ce qui faisait dire à Pline : *Coli rura ab ergastulis pessimum est, et quidquid fit a desperantibus* (1).

Les Romains, dans l'enivrement de leurs victoires, avaient dit d'abord avec vanité : *Tot*

____

(1) Plinii, *Hist.*, l. XVIII, c. vi.

hostes, tot servi! Il leur fallut bientôt renverser la maxime et dire avec résignation : *Tot servi, tot hostes !* Aussi voyait-on quelques citoyens judicieux qui préféraient louer un domestique, citoyen libre, pour avoir au moins chez eux quelque sécurité. — Mais tel était le vice fondamental de l'institution de l'esclavage qu'ayant tué le travail libre, incapable de soutenir la concurrence du travail servile, il avait inoculé la mollesse et une incurable tendance à l'oisiveté à tout citoyen mercenaire. L'esclavage avait déteint sur toutes les classes et les avait flétries de son contact impur. D'un état de choses qui fait d'une nation deux nations, l'une qui possède, l'autre qui est possédée, l'une qui peut tout et l'autre qui doit tout souffrir, celle des hommes et celle des brutes, résulte une guerre sourde et incessante qui se traduit par le développement des plus mauvais instincts, les plus tristes exemples, et finalement par la corruption générale.

C'est dans l'exercice même de son despotisme que le maître en trouva l'expiation. La terreur seule pouvait contenir les esclaves. Mais que de fois la terreur manqua son effet ! Témoin les guerres serviles, qui se renouvelèrent si souvent et ravagèrent si longtemps la Sicile. L'insurrection commandée par Spartacus, cette guerre de gladiateurs qui plaça Rome sur le bord de l'abîme, avait montré tout ce que le cœur des Esclaves renfermait de haine et de vengeance envers les maîtres.

Mais la haine qui éclata en si fréquentes insurrections n'était pas la plus dangereuse : c'était la haine sourde, occulte, permanente que l'esclave nourrissait sous le toit domestique et dans les relations privées ; c'était là que le maître avait tout à redouter et qu'il n'avait pas un instant de repos et de sécurité.

Au mépris du maître pour son esclave, l'esclave répondit par le mépris des ordres du maître et des châtiments qui lui étaient infligés. — Le régime des coups était tel, en effet, qu'au bout d'un an de service l'esclave était réputé par la loi blasé sur la douleur et insensible. Il devenait *veterator*, c'est-à-dire usé, et s'il était, par le maquignon, vendu comme novice, il y avait cas de rédhibition.

Le service devint alors impossible. L'esclave était voleur, menteur, sensuel, ivrogne, et il faut voir, dans le théâtre de Plaute, dans Térence et Pétrone, à quel degré d'insoumission, à quel excès d'impudence l'esclave en était arrivé, se raillant des rigueurs et des supplices et s'enorgueillissant de ses vols, de ses vices et de ses trahisons, de toutes ses lâchetés et ses méfaits envers le maître. L'endurcissement des esclaves au mal était calqué sur la dureté même des traitements, et c'est avec une sorte de cynisme qu'ils affectent de se vanter entre eux de leur croissante scélératesse. Ils vont même jusqu'à chercher leurs états de service dans les bagnes de la discipline domestique, et

c'est aux supplices bravés et méprisés qu'ils demandent leurs titres de noblesse. — Voyez plutôt, dans l'*Asinaria* de Plaute, le dialogue suivant entre *Léonidas* et *Liban*, esclaves de Demenète : — « *Léonidas* : Gymnase des hous-
« sines, salut! — *Liban* : Comment t'en va,
« pilier des prisons? — *Léonidas* : Conserva-
« teur des chaines! — *Liban* : Délices des étri-
« vières! — *Léonidas* : Des abus de confiance,
« des infidélités envers ton maître, de faux
« serments jurés à bon escient, sans hésiter,
« dans les termes les plus solennels, des effrac-
« tions de murailles, des vols manifestes et tant
« d'éloquentes défenses plaidées en lieu haut
« contre huit madrés, intrépides et fort lic-
« teurs! — *Liban* : C'est vrai! Et toi-même,
« que de fois tu as récompensé les procédés
« honnêtes par l'infidélité! que de parjures!
« que de vols sacrilèges! que de dommages!
« que d'ennuis! que de scandales causés à tes
« maîtres! que de dettes et de dépôts reniés!

« que de luttes où tu as mis sur les dents, par
« la dûreté de ta peau, huit grands estafiers
« armés de bouleaux pliants ! T'ai-je rendu
« galamment la pareille ? Comme j'ai loué mon
« collègue ! — *Léonidas :* Oh ! d'une manière
« tout à fait digne de toi, de moi, de notre gé-
« nie ! »

Ailleurs, comme ils plaisantent de l'appareil
du supplice ! — « Quel est l'homme, dit *Tra-*
« *nion* dans la *Mostellaria* de Plaute, qui
« veut gagner un peu d'argent en se laissant
« conduire aujourd'hui à ma place au supplice ?
« Où sont ces durs-aux-coups, ces useurs de
« fers ? Je donne un talent au premier qui
« aura escaladé le gibet, à condition qu'on
« l'attachera avec doubles clous aux pieds,
« doubles clous aux mains. » — « Je sais que
« la croix sera ma dernière demeure, dit un
« autre ; c'est là que reposent mes ancêtres,
« mon père, mon aïeul, mon bisaïeul, mon
« trisaïeul ! »

Ailleurs encore : — « On se fait tort à battre « certains esclaves, car ils sont ainsi faits, ces « fléaux de verges, et tel est leur système dès « qu'une occasion se présente : Prends, pille, « tiens, hoppe, bois, mange, fuis... Voilà leur « affaire ! Des chaînes, des verges, des meules, « la cruauté, les supplices. Il en devient plus « mauvais ! » Enfin, on disait communément : — « Où trouver un cuisinier qui n'eût des « serres d'aigle et de vautour? Ces rapacides « ou hommes à six mains, vraie race de « Geryon qui défiaient l'homme tout œil, « Argus. »

La satyre vint se joindre au théâtre pour reproduire un tel état de choses (1). Le mot *fur* ou voleur fut synonyme d'esclave, et Plaute voulait qu'on nommât *place Furine* le marché des esclaves, *place Coquine, Forum Coquinium.*

(1) Les satyres d'Horace et de Juvénal.

Sans doute, il faut faire la part du poète et des habitudes du théâtre dans la peinture de ces vices de l'esclave. Mais est-il permis d'en douter quand on voit les mêmes tableaux dans les autres œuvres de la poésie (1); quand on les retrouve encore dans les plus véridiques et les plus réservés moralistes, dans Théophraste et dans les Pères de l'Église qui s'accordent tous sur ce point?

Théophraste ne nous dit-il pas que, lorsque le maître envoie son esclave au marché pour acheter des provisions, il le fait suivre par un autre qui s'informe du prix (2)? « Les esclaves, « dit saint Jean Chrysostome, sont voleurs, « fugitifs, menteurs, gourmands; c'est une race « indolente, rebelle, peu maniable; c'est un

(1) Ovide dit :

> Dum fallax servus, durus pater improba vivent,
> Dum meretrix blanda, lena Menandros erit

(2) Théophraste, c. xviii.

3.

« esprit de paresse et de vol, de dissimulation,
« de calomnie, de parjure et d'intrigue, d'in-
« solence et d'insubordination. » C'est la langue
des esclaves qui est surtout mauvaise : *Lingua
servorum pessima*, dit Juvénal. Et que de
chrétiens périrent dénoncés aux persécuteurs
par leurs esclaves!! — Salvien en dit autant. Il
est vrai que saint Jean Chrysostome et Salvien
mettent tous ces vices sur le compte du maître,
son avarice et sa dureté. Saint Jérôme disait enfin en parlant des esclaves : « Ils croient qu'on
« leur ravit tout ce qu'ils n'ont pu voler; ils
« murmurent sans cesse, et, quoi qu'on leur
« donne, ils croient toujours qu'on leur donne
« trop peu, car ils considèrent moins le bien
« qu'on leur fait que les richesses de celui qui
« leur accorde une grâce. »

Partout on se récriait contre l'impossibilité
de se faire servir. On avait beau changer d'esclaves, vendre ceux qu'on avait pour en acheter d'autres, aller en chercher au loin, se pro-

curer des novices, conquérir les bonnes grâces des maquignons en leur graissant la main, c'était en vain. Le service était devenu impossible à Rome comme partout. Bref ! c'était, de la part des maîtres comme des esclaves, un concert réciproque d'incessantes récriminations.

Aussi, que d'énergie ne fallait-il pas dans une maîtresse de maison pour maintenir, en un tel état de choses, l'ordre dans son intérieur et défendre pied à pied le patrimoine de ses enfants contre de continuelles et sourdes dilapidations! Se croire, avec raison, menacé dans sa personne, dans celle de ses enfants, dans sa fortune, dans son honneur, par des gens placés à ses côtés jour et nuit, à chaque instant, sous son toit; des gens que l'on sait être des ennemis implacables, est-il de plus grand supplice? Telle âme intrépide et résolue, éprouvée déjà par plus d'une glorieuse résistance aux crises violentes et momentanées de la nature, aux plus grands périls de l'humanité, viendra sombrer dans le misérable conflit des tiraillements du ménage et les perpétuels accès d'une agitation névralgique, entretenue par les contrariétés et les accidents les plus infimes mais sans cesse renaissants de la vie domestique. Combien de mères de famille, placées dans l'alternative de perdre leur fortune ou leur santé, ont perdu l'une et l'autre par une mort prématurée ! !

C'était à ce point qu'une Romaine se réjouissait de mourir pour être enfin délivrée de l'esclavage de ses esclaves, et que, par son testament, elle ordonnait de graver sur son tombeau cette épitaphe : *Pour l'instruction de la postérité!* (1).

(1) Fabretti, *Recueil d'inscriptions antiques*, in-folio. Rome, 1699, cap. x, p. 703. Le texte est bon à citer : « Quo nemo « mortem alacrius admisit, quod a servorum suorum servi- « tute tandem liber evaderet. Hoc autem testamento cavit « posteris inscribi. »

La postérité, c'est nous! la pièce est parvenue à son adresse; mais elle ne nous a rien appris. Notre instruction sur les vices et les malheurs de l'esclavage était faite depuis longtemps par la nature et la conscience. Les institutions, en général, valent mieux que les hommes. Ici, les hommes valaient mieux que l'institution qui les a perdus. Il fallait que la testatrice en eût bien souffert pour exhaler une pareille malédiction à l'heure de sa mort, heure suprème où l'âme est naturellement portée au pardon et à l'oubli des injures! Mais cette malédiction s'est trompée d'objet : car la juste et funèbre indignation de la Romaine eût dû tomber bien moins sur ses esclaves que sur l'esclavage, sur l'esclavage que nous détestons dans ceux qui l'ont inventé, exercé, maintenu et dans ceux, plus détestables encore, qui l'ont osé justifier. N'ont-ils pas tous, ajoutant à la cruauté l'ironie, usurpé le nom de *conservateurs*, appelant leurs victimes des conservés, *servati*, *servi* ? Quelle profanation !

Des conservateurs, en effet, à la façon de ces habitants de l'antique Tauride, qui appelaient l'étranger de l'autre côté du rivage, mais pour le saisir et l'égorger !

C'est ainsi que le maître a trouvé, dans l'exercice même de son despotisme, son expiation, et que, par un règlement de compte providentiel, quoique tardif, l'esclave a rendu en détail à son maître les tourments et la mort qu'il en avait reçus en bloc; et toutes les eaux réunies des océans ancien et moderne ne suffiraient pas à laver le manteau pompeux mais sanglant dans lequel se drape l'antiquité !

Vingt siècles nous séparent de ces tristes temps, et nous savons comment les nations modernes, et notamment la France, se sont dégagées des liens vermoulus de la féodalité. Voilà quatre-vingt-seize ans que la liberté, proclamée à la face du soleil, s'est insensiblement implantée sur cette terre de France, ainsi nommée, moins à cause du nom des Francs qu'en mémoire de l'affranchissement des Gaules. Cette liberté, voilée par de courtes intermittences, n'a été que plus rayonnante dans le cours d'un demi-siècle de fonctionnement normal ; partout la France a communiqué le feu sacré de son libéralisme, et toutes les classes de la société française en sont pénétrées. Le principe de l'égalité devant la loi est écrit partout dans les lois et dans le cœur des Français comme il est partout pratiqué par les gouvernants, d'autant plus intéressés à l'appliquer aux gouvernés que de gouvernants ils deviennent trop souvent gouvernés eux-mêmes. Que reste-t-il donc du régime odieux de l'esclavage ? Rien ; le coup de balai a été radical. Au serviteur malgré lui a succédé le serviteur volontaire, à la servitude la liberté, à l'homme-brute, à l'homme-chose a succédé le citoyen. Quoi de plus contraire ? Ne sont-ce pas les deux pôles les plus opposés dans l'humanité, les deux antipodes en économie sociale, politique, en religion ? Et pourtant qu'arrive-t-il ? C'est que le concert d'imprécations réciproques entre le maître et l'esclave, dont les derniers temps du régime esclavagiste assourdissaient le monde, se reproduit aujourd'hui entre le maître et le domestique avec la même intensité, dans les mêmes termes, au même degré d'antagonisme ! On criait à l'insensibilité de l'esclave aux coups de fouet ; on se plaint de l'insensibilité du domestique à la voix de la raison, de la probité, de la gratitude et de son propre intérêt ! Autant il y avait de causes d'aversion et de mépris entre le maître et l'esclave ; autant il y a de causes d'estime, de rapprochement et d'harmonie entre le domestique et le maître. Et cependant le théâtre, la satyre, les moralistes, le roman, les économistes modernes ne sont, sur la domesticité, que l'écho des griefs dont saint Jérôme et Théophraste, Plaute et Térence, Ovide et Juvénal édifiaient leurs lecteurs sur l'esclavage. Que de femmes françaises ont fait en elles-mêmes le testament désespéré de la patricienne romaine !

Deux ordres si différents de société, de politique, de morale, de religion, produisant les mêmes effets ! Le despotisme absolu et la liberté la plus grande aboutissant aux mêmes résultats ! Un confluent commun à deux courants si contraires ! Voilà le problème ! Il est ardu. Il se dresse de toute la hauteur d'une question sociale, digne de l'intérêt du penseur et du moraliste !!...

CHAPITRE II

IMPERFECTIONS ET VICES DE LA DOMESTICITÉ

Swift et la domesticité anglaise. — Différence des législations et des mœurs anglaises et françaises sur les domestiques. — Les vieux serviteurs légendaires d'autrefois. — Leur attachement et leur fidélité. — Les domestiques de nos jours. — Leur instabilité et leurs défauts. — Les *gens de maison* à Paris. — La domesticité américaine et les *gens à aider* ou *aides*. — Origine élevée de la profession de *domestique*. — Domestiques criminels et vertueux. — Infidélité des domestiques actuels. — Mœurs de la domesticité parisienne et dangers de la prostitution clandestine des filles en condition.

Le mal est-il aussi grand qu'on le dit? — Il est grand, mais il ne faut pas plus se l'exagérer que se le dissimuler. — Notre intention n'est

pas d'énumérer ici les vices respectifs des maîtres et des domestiques. La liste en serait trop
longue. Le mal, d'ailleurs, date de loin, et bien
que ce soit beaucoup moins de la domesticité ancienne que de la domesticité actuelle que nous
nous occupons, nous ne saurions cependant
passer ici sous silence quelques fragments curieux de ce que Swift, le Rabelais anglais, dit des
domestiques en leur présentant, sous la forme
humoristique que l'on sait, de prétendus conseils qui ne sont que la révélation indirecte de
leurs nombreux défauts en même temps qu'une
satire très fine, très piquante et très vraie de
cette classe de la société. Rien n'égale l'ironie
d'un passage de son introduction qu'il intitule :
« *Règles qui concernent tous les domestiques*
« *en général.* » Voyez plutôt : — « Si vous êtes,
« dit-il, un jeune homme de bonne mine, cha-
« que fois que vous parlez bas à votre maîtresse
« à table, approchez votre nez de sa joue de
« satin, ou, si vous avez l'haleine fraîche, par-

« lez-lui en plaçant votre bouche tout près du
« sens de l'odorat : j'ai toujours vu que ces
« petits moyens innocents réussissaient dans les
« meilleures familles. — Quand vous avez cassé
« à l'office vos tasses de faïence, servez-vous
« de la casserolle et appliquez-la indifférem-
« ment à tous les usages ; mais ne la nettoyez,
« ni ne la recurez jamais, de peur d'enlever
« l'étamage. — Que ce soit une règle constante
« que ni chaise, ni escabeau, ni table de l'office
« ou de la cuisine n'ait plus de trois pieds, ce qui
« a été l'ancien et invariable usage dans toutes
« les maisons bien tenues que j'ai fréquentées ;
« et cela est fondé sur deux raisons : première-
« ment, pour montrer que les domestiques sont
« toujours en mouvement ; deuxièmement, il est
« bon, au point de vue de l'humilité, que les
« chaises et les tables des domestiques aient un
« pied de moins que celles de leurs maîtres. —
« Quelle que soit la visite qui vienne en l'absence
« de votre maître, ne chargez jamais votre mé-

« moire du nom de la personne ; vous avez, ma
« foi, bien d'autres choses à vous rappeler. D'ail-
« leurs, c'est une besogne de portier ; tant pis
« pour votre maître s'il n'en a point. — Si l'on
« vous donne de l'argent pour un achat et que
« vous-même vous ne vous trouviez pas en
« fonds à ce moment-là, dépensez l'argent pour
« vous et prenez la marchandise à crédit. C'est
« là un grand honneur que vous faites à votre
« maison, puisqu'un crédit lui est ouvert, et
« cela à votre seule recommandation. — Rejetez
« toutes les fautes sur le petit chien, le chat
« favori, le singe, l'enfant ou sur le domes-
« tique qu'on a renvoyé dernièrement : En sui-
« vant cette règle, vous vous excuserez vous-
« même, vous ne ferez de mal à personne, et,
« de plus, vous épargnerez à vos maîtres l'en-
« nui de vous gronder. »

Les instructions particulières que Swift donne
ensuite aux serviteurs de chaque nature de
service sont de trop parfaits chefs-d'œuvre

d'humour et d'ironie britanniques pour que nous résistions au plaisir de citer notamment celles qu'il donne à la cuisinière, aux laquais, au cocher, à la nourrice et à la gouvernante des enfants : — « Ne servez jamais une cuisse de pou-
« let, dit-il à la cuisinière, tant qu'il y a dans
« la maison un chat ou un chien qui puisse être
« accusé de l'avoir emportée. — C'est mal en-
« tendre l'économie domestique que de salir vos
« torchons de cuisine à nettoyer le dessous des
« plats que vous servez, puisque la nappe le
« fera aussi bien et qu'elle se change à chaque
« repas. — Ne nettoyez jamais vos broches
« après qu'elles ont servi, car la graisse qu'y
« laisse la viande est la meilleure chose pour
« les préserver de la rouille, et quand vous en
« referez usage, cette même graisse humectera
« agréablement l'intérieur de la volaille. — Si
« vous faites le marché, achetez votre viande le
« moins cher possible ; mais, dans vos comptes,
« ménagez l'amour propre de votre maître et

« marquez le prix le plus élevé.— Ne vous servez
« jamais d'une cuiller pour ce que vous pouvez
« faire avec vos mains ; un bon domestique
« doit toujours s'appliquer à user le moins pos-
« sible de l'argenterie de son maître. — Quand
« vous ne pourrez avoir le dîner prêt pour l'heure
« fixée, retardez la pendule : de cette manière, le
« diner sera toujours servi à la minute. — Vous
« devez regarder la cuisine comme votre cabi-
« net de toilette. Ne manquez donc point, quand
« vous surveillez votre bouilli, de vous peigner
« la tête ; c'est le meilleur moyen de ne pas
« perdre de temps. Si l'on trouve des cheveux
« dans la soupe, vous pourrez jeter la faute sur
« quelque valet de pied auquel vous en vou-
« drez. » Et Swift couronne cette satyre contre
les cuisinières par ce trait final : « Pour épargner
« le temps, coupez vos pommes et vos oignons
« avec le même couteau : les gens bien élevés
« aiment le goût de l'oignon dans tout ce qu'ils
« mangent ! »

« Afin d'apprendre les secrets des autres mai-
« sons, dit-il aux laquais, racontez ceux de la
« vôtre. Vous deviendrez ainsi un favori au
« dedans et au dehors, et serez regardé comme
« une personne d'importance. — Si vous servez
« à table, choisissez les plus grands plats et
« posez-les d'une seule main, pour montrer aux
« dames votre vigueur et la force de votre poi-
« gnet ; mais exécutez toujours ce tour de force
« entre deux dames étrangères à la maison, afin
« que, si le plat vient à glisser, la soupe ou la
« sauce puisse tomber sur leurs robes et ne pas
« tacher le parquet : votre maîtresse qui n'aime
« pas à voir les autres dames aussi bien habil-
« lées qu'elle et qui veut que son parquet soit
« toujours luisant vous saura gré de cette force
« et de cette adresse ; grâce à cette pratique, on
« a vu beaucoup de vos confrères arriver à une
« fortune considérable. — Apprenez tout ce qui
« est à la mode en fait de jurons, de chansons
« et d'extraits de pièces de théâtre ; vous devien-

« drez ainsi les délices des neuf dixièmes des
« dames et l'envie de quatre-vingt-dix-neuf sur
« cent. — Vous êtes le meilleur juge des amies
« que votre maîtresse doit avoir ; si donc elle
« vous envoie en message pour compliment ou
« affaire à une dame que vous n'aimez pas, ren-
« dez la réponse de façon à faire naître entre elles
« une querelle irréconciliable. Si un valet de
« pied vient de la même maison pour le même
« sujet, tournez la réponse qu'on vous ordonne
« de rendre de telle manière que l'autre famille
« puisse la prendre pour un affront. — Ne de-
« mandez jamais la permission de sortir ; vous
« passeriez pour un paresseux et un coureur :
« sortez sans être vu, etc... »

Et les instructions au cocher ne sont pas
moins mordantes : « Que vos chevaux soient si
« bien dressés que, quand votre maîtresse fait
« une visite, ils vous permettent de vous glisser
« au cabaret voisin pour vider un pot avec un
« ami. — Quand vous n'êtes pas d'humeur

« de sortir, dites que les chevaux ont pris froid
« ou qu'ils ont besoin d'être ferrés. — Si vous
« voyez qu'un gentleman a envie de l'un de
« vos chevaux, dites à votre maître que la bête
« est vicieuse, fourbue, etc..., et persuadez-lui de
« la vendre ; de cette manière vous aurez un pot
« de vin que vous convertirez facilement en
« excellente ale et en bonne eau-de-vie. »

« S'il vous arrive, dit maintenant notre
« auteur à la nourrice, de laisser tomber l'en-
« fant et qu'il se soit blessé de manière à ne
« pas en revenir ou à rester estropié toute sa
« vie, ayez bien soin de n'en rien dire ; couchez-le
« dans son lit, faites-lui boire une petite dose qui
« l'endormira profondément, et, s'il meurt, tout
« est sauvé. — Il est bien entendu que, pour
« témoigner de votre bon cœur, vous vous char-
« gerez du soin de l'ensevelissement. Comme
« cela, personne autre que vous ne sera dans
« le secret de l'accident. »

Mais rien n'approche de cette dernière instruc-

tion donnée à la gouvernante : « Faites lire aux
« jeunes miss des romans français et anglais,
« toutes les comédies écrites sous Charles II et le
« roi Guillaume qui sont très licencieuses, pour
« adoucir leur nature et leur donner de la sensi-
« bilité. »

Ce code d'un nouveau genre de la domesticité n'est-il pas vraiment, dirons-nous à notre
tour sans ironie, à mettre dans la main des
domestiques afin de leur former l'esprit et le
cœur ?

Un autre auteur anglais, miss Collier, a fait
la part de ces maîtres durs, capricieux, impi-
toyables, injustes, prenant leurs serviteurs pour
autant d'automates, affichant une opulence
insolente, sans éducation, surborneurs, et qui,
pétris de vices, exigent des domestiques sans
défauts (1).

(1) *Essai sur l'art de tourmenter ingénieusement, où l'on
expose les règles propres à cet exercice amusant,* par Miss
Collier.

La loi anglaise a, de tout temps, réglé les droits respectifs des maîtres et des domestiques. Cette législation était libérale. De là, une grande indépendance de la part des domestiques en ce pays. Les maîtres, tenant à grande distance les domestiques, sans la moindre familiarité avec eux, en exigent promptitude et ponctualité. De leur côté, les domestiques ne font que leur devoir strictement, rien de plus, avec une sécheresse d'humeur frisant l'impolitesse et avec le flegme britannique, restant plutôt bien en deçà qu'allant au delà du service stipulé. De là, un mécontentement réciproque, et il y a longtemps que les maîtres anglais sont convaincus que les domestiques sont un mal nécessaire et que ceux-ci en pensent autant de leurs maîtres.

En France, au contraire, la loi jadis était sévère envers les domestiques. Les ordonnances de François Ier et de Charles IX les assujettissaient à de certaines obligations génantes (1). Mais l'inégalité de traitement en faveur du maître était tempérée par les mœurs de la nation, le caractère expansif et l'inclination affectueuse du maître envers ses serviteurs. Aussi, malgré la rigueur des lois, ne compte-t-on que très peu d'arrêts condamnant, chose étrange ! au carcan et au bannissement des domestiques insolents envers leurs maîtres (2).

(1) François I⁰ʳ fit défendre, par l'article 58 de l'ordonnance de 1540, à tout particulier de prendre à son service des gens inconnus ou mal famés, à peine de répondre civilement des délits qu'ils pourraient commettre dans leur service. — L'article 1ᵉʳ du titre XVII de l'ordonnance de Charles IX du 7 février 1567, renouvelé par la déclaration de Henry III du 21 novembre 1577, défendait aux domestiques engagés à temps de quitter le service de leurs maîtres sans le consentement de ceux-ci avant l'expiration de leur engagement, à peine d'amende de 20 livres parisis envers le fisc, et il était défendu à toute personne de prendre à son service un domestique sortant d'une autre maison, s'il n'était porteur d'un congé.

(2) Pierre Cressal, convaincu d'avoir proféré des paroles injurieuses et calomnieuses contre l'honneur et la réputation de la dame *** dont il était valet de chambre, a été con-

Cette différence si marquée entre les mœurs anglaises et les mœurs françaises au point de vue de la domesticité a été admirablement mise en relief par M. de Tocqueville en ces termes :

« Un Américain qui avait longtemps voyagé
« en Europe me disait un jour : — *Les Anglais*
« *traitent leurs serviteurs avec une hauteur et*
« *des manières absolues qui nous surprennent;*
« *mais, d'une autre part, les Français usent*
« *quelquefois avec les leurs d'une familiarité,*
« *ou se montrent à leur égard d'une politesse*
« *que nous ne saurions concevoir. On dirait*

damné, par arrêt rendu le 9 septembre 1722, à être attaché au carcan, à la Croix-Rouge, ayant écriteau devant et derrière portant ces mots : *Valet de chambre insolent !* Ce fait, banni pour trois ans, condamné en dix livres d'amende envers son maître et sa maîtresse. — Un autre domestique nommé Pierre Pizel, convaincu d'insultes par lui faites à son maître, a été condamné, par sentence du Châtelet du 7 août 1751, confirmée par arrêt rendu en la Tournelle le 14 des mêmes mois et an, à être attaché au carcan ayant écriteau portant ces mots : *Laquais insolent envers son maître!* Ce fait, banni pendant trois ans. (Denizard. V. *Domestique.*)

« *qu'ils craignent de commander. L'attitude*
« *du supérieur et de l'inférieur est mal gardée.*
« — Cette remarque est juste, et je l'ai faite
« moi-même bien des fois. J'ai toujours consi-
« déré l'Angleterre comme le pays du monde
« où, de notre temps, le lien de la domesticité
« est le plus serré, et la France, la contrée de
« la terre où il est le plus lâche. Nulle part le
« maître ne m'a paru plus haut ni plus bas que
« dans ces deux pays. C'est entre ces extrémités
« que les Américains se placent (1). »

C'est grâce à ces mœurs faciles chez nous que
le domestique, autrefois, était attaché à la famille, à la maison de ses maîtres. Il servait de
père en fils avec amour et dévouement, avec orgueil même. Le père léguait à son fils les mêmes
devoirs et la même affection. La famille alors n'a-
britait que des êtres unis par le sentiment. Le
domestique s'identifiait tellement avec le maître

____

(1) *De la Démocratie en Amérique*, t. II, p. 198 et 199.

qu'en parlant des enfants, de l'honneur et des biens de celui-ci, il disait : *Nos enfants! notre réputation! nos biens!* C'est à son vieux domestique que le père de famille confiait ce qu'il avait de plus cher, ses enfants, dont le pieux serviteur avait été tour à tour, suivant leur âge, le camarade, le protecteur, le mentor ou l'ami. La nourrice qui donnait son lait à l'un des enfants ne sortait plus de la maison : elle était comme la seconde mère de son nourrisson. Elle vivait et mourait attachée à la famille, dont elle était l'un des membres les plus chers. « Autrefois,
« dit Mercier, les domestiques faisaient partie
« de la famille... les maîtres étaient mieux ser-
« vis et pouvaient compter sur une fidélité bien
« rare aujourd'hui... Aujourd'hui, ils passent de
« maison en maison, indifférents à quels maîtres
« ils appartiennent; autrefois, leur vie était
« dure et frugale, mais on les comptait pour
« quelque chose, et le domestique mourait de
« vieillesse auprès de son maître. »

Plusieurs types de ces vieux serviteurs du temps passé et particulièrement de l'ancienne bourgeoisie sont restés célèbres. On cite, entre autres, la vieille servante de l'avocat Grosley qui, entrée, dès sa plus tendre enfance, au service de son arrière-grand-père aux gages insignifiants de dix écus par an, était devenue comme un membre même de la famille. Grâce à sa rare intelligence, elle avait pris tellement la haute main dans la maison de ses maîtres, qu'elle en était arrivée à administrer, en leur absence, tous leurs intérêts qu'elle débattait absolument comme les siens, réglant et tranchant toutes les difficultés qui pouvaient s'élever comme l'eussent fait ses maîtres eux-mêmes. On assure même qu'elle donnait parfois des consultations. — Ce qu'il y a de certain, c'est qu'elle avait élevé complètement l'enfant de ses maîtres, et, chose remarquable ! elle lui avait, sans le savoir elle-même, appris à lire de la manière suivante : elle se servait d'une bible illustrée et la faisait lire au jeune Grosley par phrase séparée : chaque fois que la phrase que lisait l'enfant était incompréhensible, elle en inférait qu'il lisait mal et la lui faisait recommencer jusqu'à ce que le sens lui en eût paru raisonnable. Elle le suivit pas à pas dans sa vie d'écolier et dans son adolescence, veillant avec un soin jaloux sur son éducation comme une véritable mère! Elle le faisait lever le matin, le surveillait dans la confection de ses devoirs et surbordonnait à cette confection la liberté de son jeune maître. Et, plus tard, lorsque Grosley travaillait à ses ouvrages devant le foyer de sa cuisine, la vieille gouvernante était là près de lui, filant ou tricotant ; et de même que Molière ne dédaignait pas de soumettre les passages de ses comédies au bon sens pratique de sa servante Laforèt, de même Grosley recherchait les avis d'Élisabeth Noël.

Ne trouvons-nous pas encore la trace saisissante de cet attachement fidèle des anciens domestiques à leurs maitres jusque dans le théâtre. Car, sans parler de Martine, de Toinette et de tant d'autres, quel type plus parfait de ce dévouement et de ces vertus domestiques que même la caustique Dorine, dont l'humeur mordante et frondeuse jaillit constamment en saillies à l'emporte-pièce ! Cette soubrette au franc parler, qui a une volonté et dit haut ce qu'elle veut et donne gaiement son avis sur toutes choses, sans précaution ou tempérament de langage, *forte en gueule*, qui a nourri et élevé les enfants, n'est-elle pas véritablement une sorte de Caleb en jupon ? — Comme elle prend les intérêts de ses maitres qu'elle considère comme les siens propres ! Comme elle gourmande Orgon en le persiflant au sujet de son incroyable aveuglement ! et quel admirable dévouement dans le souci qu'elle prend de l'avenir de sa jeune maitresse qu'elle ne veut pas laisser *tartuffier*.

Ce qui développait le plus cet esprit d'attachement, chez les anciens serviteurs, c'était la simplicité même des mœurs et les habitudes de familiarité qui présidaient aux rapports entre maîtres et domestiques, et qui tenaient beaucoup aux pratiques d'économie imposées par la modicité des revenus. Point de cette raide étiquette ni de ce froid cérémonial qu'affectent les maîtres de nos jours pour tenir à distance leurs serviteurs. Maîtres et domestiques confondaient leur existence dans une étroite intimité. L'intérieur des vieilles familles d'autrefois nous apparaît sous la forme de petites réunions intimes autour d'un foyer de cuisine ou chacun disait son mot. Le serviteur pénétrait ainsi jusque dans les secrets de ses maîtres, et la confiance affectueuse que ceux-ci lui témoignaient l'attachait en l'honorant et cût, au besoin, redressé sa conscience hésitante. — Initié ainsi aux entretiens de la famille, au frottement permanent de laquelle il sentait se développer son intelligence et son instruction, le domestique devenait forcément le confident et l'ami de ses maîtres, et souvent son gros bon sens pratique intervenait dans les résolutions débattues en famille. C'est même cette intimité qui donnait au serviteur une liberté de langage dont il abusait parfois en ne ménageant pas la vérité à ses maîtres, mais qu'on aimait à lui pardonner ainsi que ses exigences à raison de sa fidélité et de son attachement ! Trouverait-on, de nos jours, beaucoup de domestiques qui seraient en droit de tenir à leurs maîtres le langage qu'un vieux serviteur légendaire tint un jour à un fils de famille le comte de B... qu'il avait vu naître : « Pardon ! monsieur le comte, « vous me parlez bien sévèrement. Vous oubliez « que je suis plus ancien que vous dans la maison ! »

On regardait alors comme si sérieux et si respectable le contrat de domesticité, que l'on se donnait des arrhes, appelées *le denier à Dieu.* C'était le saint nom de la divinité que la bonne foi des deux parties prenait à témoin d'une parole qui, pour n'être jamais monumentée par écrit, n'en était pas moins sacrée. Il y avait des lieux et des époques fixés par l'usage pour le louage des domestiques et leur entrée en condition. Une fois entrés soit pour plus soit pour moins d'un an, c'était un point d'honneur pour eux de n'en point sortir avant le terme. De son côté, le maître, quelque grief qu'il eût contre son serviteur, avait à cœur d'observer la loi du terme convenu, et ni maître ni domestique n'eût cédé aux offres qu'on lui eût faites d'abaissement ou d'excédent respectif des gages.

Ce n'est pas certainement que tout fût parfait autrefois en fait de domesticité. Il y a longtemps qu'on a dit : — « Les domestiques les moins « mauvais sont ceux qui s'en tiennent à ne pas « servir leurs maîtres. » — N'a-t-on pas dit aussi : « S'il n'y a que les princes et les valets « qui se portent bien, c'est qu'il n'y a qu'eux qui « fassent ici-bas leur volonté (1)! » Et Fonte-

(1) Broussais remarquait que les domestiques n'ayant pas de soucis n'ont pas de *gastrites.*

nelle n'a-t-il pas dit enfin : « J'ai un domes-
« tique qui me sert aussi mal que si j'en avais
« vingt (1)! »

Molière, à son tour, ne nous montre-t-il pas,
dans son *Malade imaginaire*, que même la fidélité n'était pas, de son temps, la monnaie cou-
rante en fait de domesticité, quand il met dans la
bouche de Béline ces mots : « Mon Dieu! mon
« fils, dit-elle à Argan en parlant de Toinette,
« il n'y a pas de serviteurs et de servantes qui
« n'aient leurs défauts. Celle-ci est adroite, soi-
« gneuse, diligente et surtout fidèle, et vous
« savez *qu'il faut maintenant de grandes pré-*
« *cautions pour les gens que l'on prend?* »

Jean-Jacques Rousseau définissait ainsi les
domestiques tout formés : « Des coquins déjà
« tout faits, dit-il, ces coureurs de condition
« qui, dans chaque maison qu'ils parcourent,

______

(1) Un proverbe russe dit que *l'enfant qui a sept bonnes
a toujours un œil de moins.* C'est, sous une autre forme,
l'éloge du domestique unique.

« prennent à la fois les défauts des valets et des
« maîtres et se font un métier de servir tout le
« monde sans jamais s'attacher à personne. Il
« ne peut régner ni honnêteté, ni fidélité, ni zèle
« au milieu de pareilles gens, et ce ramassis de
« canailles ruine le maître et corrompt les en-
« fants dans toutes les maisons opulentes (1). »

C'est évidemment des valets de haute volée de
Paris et de la race de cette valetaille de luxe
et de parade des grandes maisons dont Jean-
Jacques parlait ici, gens de service éminemment
corrompus par l'oisiveté, le bien-être et le spec-
tacle incessant des vices de leurs maîtres qu'ils
copient servilement, et lesquels étaient comme
l'ombre au tableau véritablement touchant des
nombreux domestiques honnêtes et dévoués du
temps passé.

Que sont donc devenus ces relations de confiance et de fidélité, ces convenances, ces déli-

(1) J.-J. Rousseau, *Nouvelle Héloïse*, IV⁰ partie, lettre X.

catesses de sentiment, ce respect du contrat et de la foi promise? Tout a disparu! Le type du vieux serviteur fidèle et dévoué est effacé par le progrès social. On ne connaît plus aujourd'hui son domestique que par le prénom qu'il prend ou que le maître lui donne. Il est des maisons nombreuses où l'on compte autant de domestiques nouveaux que de mois dans l'année; et s'il reste encore quelques vieux domestiques dans de rares familles privilégiées, ils sont gâtés par les mœurs nouvelles, et ils se font de leur ancienneté un titre à des exigences exagérées. Les domestiques de nos jours qui, loin d'appartenir à l'école *admirative* ou *sentimentale* des vieux serviteurs d'autrefois, sont plutôt de l'école *critique* dont Figaro est l'archétype, ont singulièrement perfectionné le fractionnement du service, qui existait déjà autrefois, ainsi que le prouvent la scène dans laquelle Maître Jacques demande à Harpagon qui l'a appelé pour lui donner un ordre, si c'est à son cocher ou à son cuisinier qu'il veut parler, puisqu'il cumule ces deux services, et une lettre de Mme de Sévigné dans laquelle elle nous apprend qu'un de ses domestiques refuse de faner « parce qu'il n'est pas en- « tré à son service pour cela et que ce n'est pas « son métier ». Ils se cantonnent plus que ja- mais dans une des branches du service qui leur convient et ils n'en sortent plus. Ce fractionne- ment en est arrivé à ce point qu'en Angleterre la première question d'un domestique qui se présente dans une maison est celle-ci : « *Do you* « *take me for work or for ornament? — Me* « *prenez-vous pour le travail ou pour l'orne-* « *ment?* » — La nourrice n'est plus qu'une marchande de lait vulgaire qui n'a eu que pen- dant quelques mois une fugitive illusion de maternité dans ce jeu tendre mais aujourd'hui dépravé de la nature. Maîtres et domestiques se quittent comme ils s'étaient pris, au hasard, au jour le jour, avec légèreté, sans références, aux- quelles, d'ailleurs, on ne croit plus depuis que le maître n'a pas eu, sur la conduite du serviteur qui le quittait non plus que sur d'autres points, le courage de son opinion.

Le domestique ne voit aujourd'hui qu'une chose : c'est le chiffre de ses gages. Il est au plus offrant et dernier enchérisseur. Il sort sans cesse d'une condition pour entrer dans une autre, uniquement voué, dans son éternel vagabondage, à la recherche d'un chiffre plus élevé. Il est nombre de maîtres qui se respectent assez peu pour favoriser ces éternelles migrations de domestiques en les soutirant. Mercier ne nous montre-t-il pas les servantes de Paris « ac-
« coutumées à faire leurs paquets, passant de
« maison en maison en baptisant du nom de
« *baraques* toutes celles dont la cuisine est mai-
« gre et surveillée de trop près ? »

Ce qui affecte surtout la domesticité actuelle, c'est une soif impatiente de bien-être matériel ; ce sont de fiévreuses aspirations à un avenir indéterminé dont l'incertitude augmente le malaise. Le domestique court de porte en porte, poursuivant un idéal chimérique de condition introuvable, puisqu'il la veut avec de gros gages et de petits travaux. Le maître, à son tour, poursuit un idéal non moins chimérique de domestique parfait, et chacun se morfond dans l'énervement d'insatiables exigences.

Le domestique et le maître, respectivement irrités par leurs communes déceptions, sont d'une susceptibilité excessive. Pour peu que le domestique soit contrarié d'un ordre donné, il crie à l'esclavage, ce qui est plus qu'une illusion d'optique politique ou sociale, car rien, encore un coup, ne ressemble moins à l'esclavage que la domesticité moderne. Ne serait-ce pas le maître qui, parfois, aujourd'hui, pourrait avec plus de raison crier à l'esclavage ?

Il en est de même de la fausse conviction qu'a le domestique de l'abaissement de sa profession. On dirait que le domestique rougit de l'être. On sent qu'il a de lui une opinion bien supérieure à la valeur de son état. Il ne se croit pas fait pour une situation dont il est impatient de sortir, comme si, dans une démocratie bien comprise, toutes les professions honnêtes, honorablement exercées, n'étaient pas également honorables !

Ce qui caractérise enfin le domestique moderne, c'est un sentiment de méfiance et de suspicion vis-à-vis du nouveau maître qui le reçoit chez lui. On dirait une antipathie de caste soufflée par un esprit de parti !

Il n'est pas jusqu'au nom même de *domestique* qu'il ne renie. Les domestiques se sont débaptisés ! Ils se nomment à Paris *gens de maison*, aux États-Unis *gens à aider* ou *aides (Helps)*. Il est des politiques avancés, en France, qui voudraient, en modifiant profondément les bases du travail domestique, en faire un *service à la tâche*, et cela par ce motif : « que c'est une condition « encore trop voisine de la servitude que celle « d'une personne au service d'un maître auquel

« appartiennent tout son temps et toutes ses
« actions (1). »

Et notons ici, en passant, que ces mêmes philosophes qui voient un reste de *servitude* dans la domesticité sont d'accord avec M. de Tocqueville pour proclamer : « Que l'état de domesticité « n'a plus rien qui dégrade, parce qu'il est libre- « ment choisi, passagèrement adopté, que l'o- « pinion publique ne le flétrit point et qu'il ne « crée aucune inégalité permanente entre le ser- « viteur et le maître (2). » — Vit-on jamais pareille contradiction avec soi-même?

La philosophie avancée n'est pas seule en contradiction avec elle-même sur ce point. Les *gens de maison*, puisque *gens de maison* il y a, ne le sont guères moins avec eux-mêmes. On lit, dans un journal de l'année 1870, le compte rendu d'un

(1) Adolphe Garnier, *Morale sociale*, p. 187, et Jules Barni. *la Morale dans la démocratie*, p. 66.

(2) *De la démocratie en Amérique*, par M. de Tocqueville, t. II, IIIᵉ partie, chap. v.

bal des *gens de maison* à Paris, bal splendide par l'éclat, le bonne tenue et la distinction même de tous ceux qui le composaient, conditions évidemment exclusives de la présence des cuisinières communes, des femmes de charge et autres utilités domestiques inférieures. Car les *gens de maison* ont un goût ou plutôt un penchant prononcé pour la hiérarchie des services. Ils ont une soif ardente de distinctions et d'inégalités qui n'est pas peu contradictoire avec l'esprit démocratique actuel. Depuis le maître d'hôtel et l'huissier d'annonces jusqu'à l'aide de cuisine ou d'écurie il y a une échelle étendue de grades et de préséances qui, sans être l'objet d'un décret législatif, n'en sont pas moins respectés à l'office, à l'antichambre, à la cuisine, aux écuries et à la remise; et si, par exemple, on s'avisait, à table, de placer ailleurs qu'à la droite du chef le couvert de la femme de chambre, il y aurait, dans tout le domestique de la maison, une crise révolutionnaire qui ne finirait que par un coup d'État de la plus haute portée parmi les *gens de maison* !

Et cette soif d'inégalité chez les domestiques, si contraire à l'esprit démocratique, ne se manifeste pas seulement dans leur milieu, mais même en dehors. Elle procède d'une vanité toujours ingénieuse à chercher des aliments, puisqu'elle en trouve même jusque dans l'éclat extérieur d'une livrée. Qui de nous n'a pas été souvent frappé de l'insolent orgueil des laquais et valets de grandes maisons qui, mieux vêtus, mieux nourris, mieux payés que l'ouvrier, regardent celui-ci en pitié et prennent vis-à-vis de lui un ton tranchant de supériorité, qu'autorisent leur langage plus châtié et leurs manières plus polies? Voyez même, après leur retraite de tout service, l'importance hautaine qu'ils se donnent vis-à-vis de leurs concitoyens restés au village !!

Les États-Unis d'Amérique sont, depuis longtemps, le point de mire des aspirations philosophiques et politiques françaises, et c'est du néologisme des *gens à aider* qu'est surgi celui des *gens de maison*. — Ces *aides* d'Amérique sont véritablement dignes d'attention.

Une servante se présente pour entrer en condition. Elle reçoit de dix à vingt dollars par mois : C'est le prix du cours. Elle a le gouvernement de l'office. Elle commence par stipuler qu'elle aura elle-même une *aide* dans une sous-servante. Elle exige un jour de congé quand elle le désirera. Elle stipule qu'elle aura un parloir pour elle et qu'elle y recevra ses amis et les invitera à des soirées de thé à sa convenance ; que, surtout, elle ne brossera point les chaussures et n'ouvrira point la porte quand on sonne ou que l'on frappe. L'*aide* américaine n'a pas plus tôt pris possession de son gouvernement, qu'elle affiche des allures d'indépendance voisines de la provocation. A-t-elle besoin de dissimuler à cet égard quand elle est sûre qu'en sortant de la condition où elle est elle en aura une autre égale ou meilleure en vingt-quatre ou quarante-huit heures?

C'est donc en état permanent de neutralité armée que le maître et la maîtresse vivent avec leurs *aides*, et c'est, pour les premiers, une des grandes misères de la vie américaine. Les choses en sont venues à ce point que maintes familles qui pouvaient se donner plusieurs servantes n'en prennent aucune, préférant faire leurs ménages elles-mêmes plutôt que subir les ennuis d'un pareil service. D'autres familles vont vivre à l'hôtel. En général, on renonce à donner des dîners chez soi. Plusieurs familles donnent des soirées purement *intellectuelles* où l'on ne sert rien à boire ni à manger.

Du reste, on a vu, dans ce pays, des grèves de domestiques. Il en est sorti des *ultimata* qui étaient de véritables fourches caudines.

Le domestique américain refuse ce double service de cirer les chaussures et d'ouvrir la porte au coup de sonnette ou de marteau, parce qu'il le considère comme une œuvre servile; comme si, dans une société où domine le principe de la réciprocité des droits et des devoirs fondé sur la liberté des contrats, le service, quelle que soit sa nature, pouvait jamais être entaché de servilité ! Il aperçoit dans ce détail une question de liberté universelle posée entre l'idée féodale et l'idée républicaine. Il y voit une grave question d'égalité politique et sociale.

Et admirons encore, en passant, l'esprit d'égalité sociale dont sont pénétrés les domestiques américains qui ne manquent jamais de rejeter, quand ils le peuvent, sur ceux de la race nègre qui servent avec eux, tout le poids de leurs travaux personnels, trouvant les nègres, leurs collaborateurs, trop heureux d'être leurs serviteurs. Et ce qu'il n'est pas enfin hors de propos de noter, c'est qu'à mesure que l'on avance vers le sud des Amériques, où sont les nègres, on trouve les domestiques blancs beaucoup moins exigeants ou plutôt moins infectés de l'esprit d'inégalité et de tyrannie. Les nègres qu'on leur préfère sont pour eux de véritables concurrents.

Eh bien! c'est évidemment la domesticité américaine que tend à imiter la domesticité française. Nous lisons dans une pièce de théâtre représentée aux Menus-Plaisirs en 1867, à Paris, et intitulée : *Ces scélérates de bonnes*, une scène de domesticité parisienne qui reproduit presque textuellement celle qui se passait dans la maison de la femme d'un auteur américain bien connu, Mme David Macraé.

L'*aide* se présente pour entrer en condition chez elle, et elle fait subir à sa future maîtresse l'interrogatoire suivant : « Aurai-je un parloir pour « moi? — Combien de sorties me seront accor- « dées par semaine? — A quelle heure faudra-t-il « que je me lève le matin? — A quelle heure pour- « rai-je rentrer le soir dans ma chambre? — Com- « bien madame a-t-elle d'enfants! etc... etc... » Ce long interrogatoire qui avait lieu dans le vestibule impatienta tellement le mari, qui l'é- coutait du salon, qu'il finit par l'interrompre par cet autre dialogue : « Mademoiselle se pro-

« pose pour *aide ?* — Oui, monsieur. — Made-
« moiselle sait-elle peindre à l'huile? — Non,
« monsieur. — Mademoiselle sait-elle le grec? —
« Non, monsieur. — Mademoiselle sait-elle l'as-
« tronomie? — Non, monsieur. — Oh! dans ce
« cas, mademoiselle ne peut faire notre affaire...
« Bonsoir! » — Et dans la scène susindiquée
de *Ces scélérates de bonnes* la domestique qui se
propose pour entrer en condition observe, entre
autres choses, qu'elle ne boit *que du vin de
Bordeaux.*

Tel est l'état des choses aux États-Unis, et
tel doit être, pour certains moralistes avancés
de notre pays, le programme prochain de la
domesticité française, qu'ils poussent avec ardeur
dans cette voie, où elle est entrée déjà par la
répudiation du nom de domestique.

Or, c'est cette répudiation d'un nom jusque-là
bien porté qui nous paraît le symptôme le plus
évident du malaise profond qui travaille la domesticité française. Car ce mot *domestique* (Δομεστιχος)

emporte l'idée d'ami... La profession de domestique n'a-t-elle pas chez nous la plus noble origine? Le domestique n'était-il pas l'homme de la maison du prince, c'est-à-dire son plus proche et son plus fidèle compagnon? C'était un titre de noblesse équivalent ou supérieur à celui de comte. De toutes les charges de la cour des empereurs ou des rois, c'était la plus enviée des princes du sang. Le domestique du monarque l'aidait dans le gouvernement et surtout dans l'administration de la justice. C'est ce qu'on lit dans notre vieux chroniqueur, Villehardouin.

Richelieu prenait le titre de domestique de la reine mère de Louis XIII; et Louis XIV, écrivant au pape, lui mande qu'il lui envoie, pour ambassadeur, l'un des plus grands seigneurs du pays, lequel, dit-il, est mon *domestique*.

Mme de Sévigné, en parlant du maréchal de Bellefonds, ne l'appelle avec déférence que le *domestique* du roi.

Qui ne connaît l'anecdote de ce duc de La Feuillade qui, ayant donné un coup de fouet à un valet de pied sous les yeux de Louis XIV, calma l'orgueil irrité de ce maitre altier par cette réponse heureuse : « Sire, ce sont deux de vos *valets* qui se battent! »

C'est ainsi qu'en 1748 Voltaire écrivait à la rcine : « Daignez considérer, Madame, que je « suis *domestique* du roi et par conséquent le « vôtre. Mes camarades, les gentilshommes du « roi, etc... »

Molière, à son tour, n'était-il pas le valet de Louis XIV? Shakespeare n'avait-il pas été garçon d'écurie, Lulli marmiton dans la cuisine d'une princesse, le musicien Lalonde laquais du duc de Grammont, et Jean-Jacques Rousseau de la comtesse de Vercelles? et Beaumarchais lui-même, ainsi que d'autres littérateurs et poètes, étaient dans la même situation, comme La Fontaine qui servait chez Mme de La Sablière et La Bruyère chez les Condé. Rappelons enfin cette anecdote de l'abbé Prévost qui était entré en qualité d'aumônier dans la haute domesticité du prince de Conti. Celui-ci lui ayant dit, en le prenant à son service : « Je vous préviens, l'abbé, que je n'entends ja- « mais la messe. — Cela se trouve bien, Monsei- « gneur, répondit l'abbé, je ne la dis jamais! »

Les services domestiques confiés aux cham- bellans, aux chevaliers d'honneur, aux dames et aux filles d'honneur, aux écuyers, etc., étaient remplis, jusqu'aux derniers temps de l'ancienne monarchie, par des personnages de la naissance la plus illustre : c'était pour eux un honneur insigne que de tenir la serviette du roi et de lui faire passer la chemise! C'était à ce point qu'un jour le prince de Condé et le comte de Sois- sons forcèrent Louis XIII, encore enfant, de dîner sans serviette, parce que tous deux, visant à la prérogative de lui offrir le linge, se querellèrent avec un grotesque acharnement.

Les Bayard, les Noailles (1), et bien d'autres

(1) Dans les mémoires de Bayard, on lit qu'étant fort jeune, il fut conduit par son père chez son oncle, évêque de Gre-

s'honoraient d'avoir été, dans leur adolescence, les *domestiques* d'autres nobles personnages, chez qui leur famille les avait placés en cette qualité, toujours enviée, de *domestiques*.

Un auteur n'a-t-il pas dit, enfin : « Le roi est « le seul homme de sa cour qui ne soit pas un « *domestique!* »

Et ce n'est pas seulement chez nous que le titre de *domestique* a l'origine la plus élevée. Ce nom de *domestique* désignait également sous le Bas-Empire les premiers dignitaires de l'État. Les *grands domestiques* étaient, à la cour de Constantinople, ce que dans les cours modernes

noble, pour y porter la livrée, panser les chevaux, servir à table, et qu'un jour, le duc de Savoie étant à dîner, Bayard *le servait et très mignonnement se contenait (Hist. du chevalier Bayard*, par Théod. Godefroy). — Turenne payait au duc de Noailles une pension qu'on a regardée comme humiliante, parce qu'elle était la récompense de *services domestiques* rendus par un Noailles à la maison de Turenne. Tous les nobles étaient dans le même cas autrefois. Le mot *gentilhomme* a été longtemps, ainsi que celui de *varlet* dont on a fait *valet*, le synonyme de *domestique*.

on appelle *grands officiers*. Encore de nos jours, les personnes attachées à la cour de Portugal s'honorent du titre de *domestiques* du roi ou de la reine.

Ce nom a donc été bien porté. Ah! que les domestiques aient eu, dans leurs rangs, des gens indignes de ce nom et qu'ils les renient hautement, c'est leur devoir en même temps que leur droit et leur honneur! — Ainsi, qu'ils renient ce domestique ignoble qui livra Abailard aux émissaires envoyés par Fulbert! — Qu'ils renient ce domestique de Galéas Sforza, duc de Milan, qui, en l'an 1476, fit égorger son maître dans une église par trois assassins dont il dirigea lui-même les coups! — Qu'ils renient ce domestique, empoisonneur de son vénérable maître, l'évêque de Marseille, Turrial! — Et ce brave général Décimone qui avait, à la fin du siècle dernier, si vaillamment combattu pour la liberté de sa patrie, ne fut-il pas traîné au supplice par la trahison de son valet de chambre?

— Et la famille Gaucher, d'Angers, au nombre de six personnes, n'a-t-elle pas été empoisonnée par son domestique, Gauthier, qui la volait et qui se vengea ainsi du trop légitime congé qu'on lui donnait (1)? Car rien ne blesse plus les fripons que d'être connus pour tels. Que tous ces scélérats soient donc reniés! — Et qu'il soit à jamais mille fois renié et maudit ce Mitron qui fit si lâchement tomber sous les coups de hache de l'infâme Lasserre l'infortuné M. de La Tombelle, qui les avait tous les deux comblés de ses bienfaits (2)! Tant qu'il y aura dans le Midi, épouvanté, comme la France entière, de ce forfait, un cœur d'homme battant pour la paix des familles et la sécurité du toit domestique, dernier refuge des gens de bien, surtout dans les temps troublés où nous vivons, les noms de Mitron et de Lasserre seront confondus dans une commune exécration?

(1) *La Gazette des tribunaux* de 1874.
(2) *La Gazette des tribunaux* des 5 et 6 mars 1874.

Mais, si la domesticité doit rougir de ces ignominies sanglantes, n'a-t-elle pas, sur l'autre face de sa médaille, d'admirables traits de vertu dont nous voulons rappeler ici les plus touchants?

Tous ces excellents domestiques de Port-Royal-des-Champs qui reflétaient, dans leur conduite exemplaire, les mérites de leurs maîtres et dont quelques-uns ont eu les honneurs d'une biographie du savant Hamon (1)!

Cette Marguerite Ward, servante d'une dame anglaise, qui, pour avoir porté secours à des prêtres catholiques persécutés, fut pendue à Tyburn, en 1588, et mourut avec le courage inspiré par la conviction d'avoir fait une bonne action!

Cette servante fidèle qui sauva la vie à son maître, Grotius, enfermé dans une caisse!

(1) *Le Nécrologe de Port-Royal* du 16 janvier, p. 29 et suiv. et son supplément du 13 février, p. 309. — *Lettres et opuscules* de Hamon et *Mémoires historiques et chronologiques de l'abbaye de Port-Royal-des-Champs.*

Ce garçon d'auberge, à Gênes, Jean Carbonne, qui, en 1746, sauva la ville, couvert de blessures, et remit au doge. dans l'assemblée des Oligarques, le trophée de la porte Saint-Thomas en disant : — « Vous l'aviez livré à l'ennemi, « nous le lui avons arraché au prix de notre « sang ; gardez-le mieux désormais ! »

Ce nègre qui vendit tout ce qu'il avait et travailla jusqu'à sa mort pour nourrir son maître, du Colombier, retiré auprès de Nantes (1)!

Et cet autre nègre, Louis Desrouleaux, qui, devenu riche, fit à son maître, devenu pauvre, une pension viagère de 15,000 francs !

Et le trait suivant bien digne d'admiration ! Marguerite Roux, à l'aide de son mari, Simon Henry, nourrit par son travail Adanson, chez qui elle était entrée en service en 1783 et qu'elle a soigné jusqu'à sa mort (2)!

(1) *Journal de littérature et des sciences*, par l'abbé Grosier, t. III, p. 288 et suiv.

(2) *Le Magasin encyclopédique*, octobre 1807, p. 498 et suiv.

Letellier, valet de chambre du sénateur Barthélemy, qui suivit son maître à la prison du Temple, à la Guyane, et qui, échappé avec lui des déserts de l'Amérique, mourut dans la traversée au moment où il allait revoir l'Europe !

Richeri, membre de l'Académie des sciences de Turin, était tombé dans l'indigence et devenu aveugle. Ne fut-il pas soigné par ses domestiques qui consacraient à sa subsistance tout le prix de leur travail et qui, lorsque le travail était insuffisant, allaient mendier pour lui, à l'imitation de ce domestique célèbre d'un chevalier de Saint-Louis qui s'en allait mendiant dans les rues de Paris pour nourrir son maître plongé dans le dénuement (1)?

(1) Arrêté et interrogé, ce domestique est obligé de dire la situation de son maître qui était couché sur la paille dans un grenier. Cet acte de dévouement ayant été signalé au roi comme chose très rare, celui-ci fit donner au chevalier de Saint-Louis une pension reversible sur la tête de ce fidèle serviteur (Barbier, 1749).

Que de semblables traits se sont accomplis depuis!

Si, durant le régime de la Terreur révolutionnaire, il s'est rencontré, parmi les domestiques, quelques monstres de délation et de lâcheté, combien d'autres belles natures ont illustré la domesticité!

C'était au temps des noyades de Carrier, à Nantes : la femme de chambre de Mme de Lespinay (1), qui avait voulu la suivre en prison, entendit un officier dire à sa maîtresse : — « Restez là, je vais revenir; je jetterai mon « manteau sur vous et je vous sauverai! » — L'officier revient bientôt et jette son manteau non sur Mme de Lespinay qu'il voulait sauver, mais, par mégarde, sur la femme de chambre. Ce manteau était son salut; et cependant elle s'en dégage avec un admirable sang-froid et dit au républicain : — « Monsieur, vous vous

(1) La vicomtesse de Lespinay, femme du général vendéen, de ce nom.

« trompez! Voilà ma maîtresse! C'est elle que
« vous voulez arracher à la mort; moi, je ne
« suis rien! je vais mourir! » Et elle suivit les
bourreaux (1).

Matelein, ce domestique du prince de la Tré-
mouille, le voyant exécuté par un bourreau qui
devait la vie au prince, demande et obtient de
mourir avec son maître (2).

La comtesse de Meffray décède au château de
Césargues. Elle avait à son service depuis plus
de vingt ans une femme de chambre d'un dévouement absolu, Adèle Charrel. Cette pauvre
fille a aidé à mettre dans le cercueil le corps de
sa maîtresse. Mais, lorsque la dernière vis du

(1) *Lettres vendéennes*, par M. le vicomte Walsh. — Le
même trait est raconté dans un autre ouvrage intitulé :
*Histoire des prisons de Paris et des départements pendant
la Révolution*, par Nougaret, et son authenticité est affirmée
par l'auteur qui prétend le tenir d'une personne bien in-
formée. La femme de chambre de Mme de Lespinay, ajoute
cet auteur, était native de Châtellerault.

(2) *Lettres vendéennes*, par M. le vicomte Walsh.

6.

couvercle a été placée, elle est tombée morte auprès de la bière de celle qu'elle avait tant aimée. La maîtresse et la servante ont été enterrées à la même heure, bénies par le même prêtre, pleurées par les mêmes amis !

Et le domestique, enfin, de l'illustre président Duranti, qui, le voyant exposé aux fureurs d'un peuple égaré, arrache à l'un des forcenés sa hallebarde, afin d'en protéger la personne de son maître ! Ce brave serviteur fait des prodiges de la plus courageuse résistance dans la mêlée et paye plus tard de sa mort, sous les coups de la foule, le dévouement qu'il a montré (1) !

Ah ! que d'abnégations sublimes ! Nulle classe de la société n'a fourni peut-être de plus beaux types à la poésie, à l'histoire, au théâtre ; témoin l'auteur de la *Vie de Bayard*, qui fut le domestique du chevalier sans peur et sans reproche ; témoin tant de domestiques, fidèles dépositaires,

______

(1) *Biographies toulousaines*, au mot DURANTI.

sous la Révolution, de la fortune et de l'honneur de leurs maîtres ; témoin, enfin, les incomparables et rayonnantes figures de Caleb (1) et de Marcel (2), dont la mémoire vivra religieusement respectée aussi longtemps que les principes d'honneur et de fidélité, les idées de sacrifice seront l'objet du respect et d'une juste admiration parmi les hommes ; Caleb et Marcel, double héroïsme de la vertu antique trempée dans les spiritualistes tendresses du christianisme! Oui, il y a, dans la domesticité, tout un patrimoine

(1) *Caleb*, personnage du roman historique de Walter-Scott, *la Fiancée de Lamermoor*, qui est devenu le type légendaire du serviteur fidèle et dévoué, et dont tout le caractère se révèle au moment où Edgard, allant se battre en duel avec le colonel Asthon, lui dit : « Vous n'avez plus de maître, « Caleb ! Pourquoi vous attacher à un édifice qui s'écroule ? « — Je n'ai plus de maître! répond Caleb ; j'en aurai un tant « qu'il existera un Rawonswood ; je suis votre serviteur, j'ai « été celui de votre père, de votre aïeul ; je suis né dans la « famille, j'ai vécu pour elle et je mourrai pour elle ! »

(2) Le vieux serviteur de Raoul de Nangis, qui, dans l'opéra des *Huguenots*, combat et meurt avec et pour son maître.

acquis et réalisé de traditions glorieuses que ne pourront de longtemps faire oublier les néologiques générations annoncées des *gens à aider*, des *gens de maison* et des *serviteurs à la tâche!* Et renoncer à cette succession d'honneur et jusqu'au nom même de ses auteurs (1), n'est-ce pas véritablement déchoir ?

A tant et de si déplorables imperfections des domestiques actuels, il nous faut encore, à notre grand regret, ajouter les désolantes constatations de deux moralistes modernes.

L'un d'eux a dit récemment : — « Presque tous « les domestiques sont des voleurs et des espions. « La police de Paris n'est guère faite que par « des domestiques; les plus vieux sont les plus « voleurs et les plus espions. Le plus honnète « d'entre eux, homme ou femme, vole tous les

(1) D'ailleurs, *gens de maison* ou *domestiques* ne sont-ils pas un seul et même mot venant tous deux de *domus, maison?* L'innovation est d'autant moins heureuse qu'elle emploie trois mots au lieu d'un seul pour exprimer la même chose.

« jours au moins dix sols à son maître (1). »

Mercier avait dit longtemps auparavant :
« Sur dix servantes, il y en a quatre qui sont
« voleuses. » C'est l'art de ce qu'on appelait autrefois *ferrer la mule*, et de ce qu'on
appelle de nos jours *faire danser l'anse du
panier !*

On ajoute que les domestiques sont profon-
déments imbus de l'esprit de dénigrement et
d'ingratitude, affectant un oubli fréquent du
respect. Quoi qu'on fasse à leur égard, en sentiments comme en bienfaits, on n'a jamais fait
assez, et c'est moins comme actes de générosité
que comme acquittement d'une dette de leurs
maîtres envers eux qu'ils acceptent les dons, absolument comme ce bon villageois des *Paysans*
de Balzac, qui, parlant des inépuisables bontés
des habitants du château que, bien entendu, il
exècre, ne trouve rien autre chose à en dire sinon

(1) Léon Gozlan.

que : *Ça ne leur coûte rien*, et que : *C'est dans leur tempérament!*

Mais de tous les vices ou défauts qui affectent notre domesticité actuelle et surtout la domesticité parisienne, le plus grave par ses conséquences, c'est la dépravation des mœurs des filles en condition. — Les autres imperfections de nos serviteurs peuvent, en rendant la vie difficile, altérer le bonheur domestique, mais ne menacent pas la sécurité du foyer. La corruption des mœurs, au contraire, chez les filles de service, qui constitue aujourd'hui à Paris l'un des plus forts affluents de la prostitution clandestine, expose les maîtres aux plus grands dangers. Car, sans admettre la scélératesse même de ces filles, plus légères et imprudentes que criminelles, voici comment les malfaiteurs qui exploitent leurs vices en font les instruments inconscients de leur introduction dans les intérieurs pour y procéder au pillage par le vol : après son service, la domestique, rendue à sa pleine indépendance, sort clan-

destinement le soir, grâce à la complaisance in-
téressée du concierge, et court à certains établissements publics, marchands de vins, cafés, bals,
etc., hantés par ses pareilles, établissements que
fréquentent aussi certains malfaiteurs pour s'y
lier avec celles-ci, et d'où elle ne revient presque
jamais seule. L'amant, admis à passer la nuit
dans la chambre de la fille de service, profite des
tendres épanchements de cet amour improvisé
pour lui soustraire adroitement la clef de l'appartement de ses maitres, qu'il remet, ensuite,
à un complice qui survient au moment opportun
et qui, après avoir nuitamment pénétré dans le-
dit appartement, le dévalise au grand ébahisse-
ment, le matin, après le départ de l'amant pour
toujours éclipsé, de la fille de service qui cons-
tate, mais trop tard, que l'amour n'a été qu'un
moyen de lui soustraire la clef et de commettre
un méfait, méfait d'autant plus redoutable, que son
auteur est constamment placé, par la nécessité
d'assurer son impunité en cas de surprise, dans

d'inévitables conditions de meurtre (1)! Et ce n'est pas là le seul mauvais côté de cette dépravation des mœurs de nos domestiques! Témoin ce propriétaire qui, informé par son concierge, moins à coup sûr par dévoûement pour lui que pour se venger de certains domestiques, de ce qui se passait en son absence dans son appartement, tombe un soir à l'improviste, après une absence simulée, dans son domicile et y surprend, après un somptueux festin, toute sa domesticité, grossie de nombreux invités, faisant de ses chambres à coucher, et dans un état de complète nudité, le théâtre d'une saturnale que pourrait seule rappeler l'orgie romaine de Couture!!!

(1) Dans un remarquable article, un des plus éminents rédacteurs du *Gil Blas*, M. Fernand Xau, a donné, dans le numéro du 21 avril 1885, et à propos de l'affaire Marchandon, sous le titre *Les crimes dits en condition*, de curieux détails sur les dangers, à ce point de vue, de la prostitution des jeunes domestiques.

CHAPITRE III

CAUSES DU MAL QUI AFFECTE LA DOMESTICITÉ

Causes générales, causes particulières. — Ruine du Respect, fruit de nos révolutions périodiques. — Le Théâtre, le Roman, la Politique. — Opinion de Jules Barni. — Maîtres improvisés et sans éducation ni autorité morale. — Influence du luxe. — Le Play et la famille-souche. — Fautes des maîtres dans le traitement de leurs serviteurs. — Influence de l'industrie sur le recrutement de la domesticité. — La dépravation des maîtres cause de la dépravation des domestiques. — La débauche au sein du foyer domestique. — La domesticité parisienne et la promiscuité du sixième étage. — Les concierges et les fournisseurs. — Influence de la législation.

Le mal est donc grand. Quelles en sont les causes? Les unes sont générales, les autres particulières.

Quand, depuis un demi-siècle, un peuple, après avoir été remué de fond en comble par une révolution radicale, bientôt suivie de guerres gigantesques, de triomphes éclatants et d'affreux désastres, est encore, tous les quinze ans, bouleversé par des crises révolutionnaires indéfinies, aggravées des excès d'une délirante démagogie, quelle institution n'en souffre pas? quels intérêts, quels sentiments n'en sont pas atteints? L'instabilité des institutions politiques, périodiquement renversées, replâtrées ou *bâclées*, produit l'instabilité des institutions civiles dont elles sont la clef de voûte. La première et la plus sacrée de ces institutions civiles, la famille, en a souffert et plus que jamais elle en souffre encore. L'esprit de solidarité s'en va et l'individualisme grandit ! A l'union qui fait la force succède la division qui la tue. La domesticité, partie intégrante de la famille, en a donc ressenti le contre-coup.

De là, l'instabilité des conditions domestiques. Avec la chute des gouvernements qui s'écroulent s'évanouit le prestige des supériorités sociales qui s'y rettachaient. — Que devient donc le respect, cette base des hiérarchies, fondé lui-même sur le prestige?

De l'affaiblissement du respect envers les institutions à l'oubli du respect envers l'homme il n'y a qu'un pas. Il fut bientôt franchi par le domestique à l'égard de son maître. Tout concourut à l'y préparer, le Théâtre, d'abord, et, de nos jours, le Roman et la Politique.

Le Théâtre! depuis Molière et Regnard jusqu'à Destouches, tous les valets et toutes les soubrettes, dont la variété est si grande, ne se jouent-ils pas constamment de leurs maîtres, de leurs travers et de leurs faiblesses? Or, en France, le ridicule est mortel à ses victimes. Tous ces Scapins, ces Crispins, ces Frontins, ces Labranches et *tutti quanti*, toutes ces Martons et ces Lisettes n'ont pas seulement la supériorité de l'esprit sur leurs maîtres, mais ils les écrasent de leur raison et de leur savoir-faire. Sosie n'est-il pas véritablement le type du bel et du bon esprit? — Tantôt on voit un valet fin et astucieux, comme Frontin, imploré par son jeune maître, et qui daigne, non sans se faire beaucoup valoir, lui accorder sa protection pour le succès de ses intrigues d'amour dont son insuffisance étalée ne le sortirait jamais sans ce concours subalterne! Tantôt c'est un autre valet qui se complaît à exciter l'hilarité des spectateurs aux dépens des ridicules de son maître, qu'il dupe sans vergogne et jette à plaisir dans les plus grands embarras par des hâbleries étonnantes et dont il exploite, enfin, la naïveté au point de l'enfermer dans un sac et de lui administrer les étrivières sans qu'il s'en doute! A-t-on jamais vu un maître qui ait l'esprit aussi délié et fertile en ruses que Mascarille? Son habileté ne renoue-t-elle pas sans cesse la trame que les sottises et les ineptes légèretés de son maître déchirent à chaque instant? Ne réussit-il pas,

enfin, par ses intrigues et ses mille et une four-
beries, à mettre d'accord, au milieu d'inextri-
cables difficultés, le père, le beau-père et même
les deux amants qui se querellent par surcroît? —
Comme ce même Mascarille s'est vite et aisément assimilé, dans *les Précieuses ridicules*, la
distinction des manières et le beau langage,
faisant jusqu'à des vers que son maître serait à
coup sûr incapable de faire !! Et quelle inféric-
rité, enfin, de valeur, vis-à-vis de leurs domestiques, chez tous les maîtres de la nombreuse
dynastie des Crispins, de Marinette et de La-
fleur, de Nicolle et de Pasquin (1)! Le contraste
n'est-il pas saisissant? D'un côté, le serviteur
revêtu de toutes les qualités de l'intelligence; de
l'autre, le maître non seulement abaissé, effacé,

(1) Se figure-t-on la puissance de déconsidération par le
ridicule qui se dégage, pour le maître, d'un de ces rôles de
valet lorsqu'il est rehaussé par la verve mordante et le talent incisif d'un Coquelin ? Il suffit d'avoir entendu ce grand
artiste dans le *Crispin* du *Légataire universel!!!*

mais bafoué! Et quand, brochant sur le tout, Figaro parut, Figaro, l'esprit d'intrigue et d'audace incarné et vivante préface de la Révolution, la domesticité, fille du tiers état, en épousa le sort.

Le Roman, à son tour, imitant le Théâtre, lui à tout à la fois emprunté et prêté son genre de composition. — Il a continué, sur de récréatifs errements et par des plumes distinguées, l'œuvre de démolition philosophique des encyclopédistes et de Beaumarchais, en mettant systématiquement en relief la valeur, jusque-là trop méconnue, des rangs inférieurs de la société aux dépens des supériorités sociales souvent abaissées, toujours discutées. — L'école *réaliste* a montré, en outre, dans *Fanny*, dans *Madame Bovary* et dans tant d'autres productions, les dangereux et trop séduisants appâts du *sensualisme* pour les âmes vulgaires, et des littératures de feuilleton ont envahi la rue sous les formes et dans les prix les plus abordables du pamphlet populaire contre le principe d'autorité et le spiritualisme.

Le Théâtre et le Roman n'en peuvent mais, dira-t-on! Ils n'ont été que le reflet des mœurs! grave erreur! Car c'est à l'Italie que le théâtre a emprunté ses domestiques, puisque Scapin a vu le jour à Milan qui a fourni à la comédie les types de Brighella et de Meneghino, de Scaramouche et de Pasquin; jamais les nôtres n'eussent été si mauvais; et, quant au *sensualisme*, avant certains romans, le pays n'en était pas à ce point encore infecté. Il faut, sans doute, faire une large part à la liberté et à l'imagination dans la littérature et les beaux-arts, mais il faut en flétrir au besoin les excès. Le Théâtre et le Roman ont été trop souvent moins le miroir que l'écueil des mœurs.

La Politique, enfin, exploitant les instincts et les courants démocratiques qui sont le fonds du caractère national, en força les digues, et le flot qui, dès 1820, *coulait à pleins bords*, selon l'expression de Royer-Collard, monta sans cesse jusqu'aux débordements périodiques dont nous avons parlé.

Le vice inhérent à la Politique, c'est l'excès involontaire de ses conceptions et de ses aspirations, puisqu'elle vit de l'esprit de parti qui est la passion même des passions. La Politique la plus fausse et la plus dangereuse est celle qui vise à l'absolu sans tenir compte des mille et une modalités que le temps, les habitudes, les traditions et les mœurs, les mœurs surtout ont incrusté dans le cœur d'un peuple. L'état démocratique d'une nation ne saurait être exactement l'état démocratique d'une autre nation, alors que l'une et l'autre sont entrées dans cette voie d'une façon différente, à des époques diverses et sous des influences contraires. L'une sera d'un caractère froid, calculateur, positif et sec; l'autre pleine de vivacité, de sentiment, d'entraînement et d'abandon; — l'une sera née d'hier, elle sera sans ancêtres et sans histoire; l'autre aura vieilli dans le respect des traditions. — La première sera, depuis longtemps et *ab ovo*, en pleine pratique de la démocratie absolue; l'autre ne marchera dans la voie démocratique qu'en y marquant le pas, c'est-à-dire relativement et progressivement, voulant, dans les évolutions étudiées de sa marche, rester autochtone ou nationale.

C'est donc avec une grande réserve qu'il faut, en fait de mœurs ou d'habitudes, conclure de l'une à l'autre de deux nations démocratiques et pratiquer des importations. Y a-t-il, d'ailleurs, un mode de gouvernement plus délicat que le gouvernement démocratique, que Jean-Jacques Rousseau appelait *le gouvernement des dieux*, c'est-à-dire le gouvernement des êtres parfaits? Fondé sur l'égalité, il doit, avec ménagement, en mesurer la dose au tempérament du peuple qui doit en jouir. C'est un véritable gouvernement d'équilibre : trop ou trop peu d'égalité lui nuit.

L'égalité, en effet, comme tout ici-bas, a des bornes. Mais l'égalité devant la loi ne suffit pas à certaines exigences. Il leur en faut une autre plus étendue, voire même absolue. Cependant, qu'on y prenne garde, car Montesquieu s'exprime ainsi sur ce point : « La démocratie se « corrompt non seulement lorsqu'on perd l'esprit « d'égalité, mais encore quand on prend l'esprit « d'égalité extrême et que chacun veut être égal « à ceux qu'il choisit pour lui commander. — « La démocratie a donc deux excès à éviter : l'es- « prit d'inégalité qui la mène à l'aristocratie ou « au gouvernement d'un seul, et l'esprit d'éga- « lité extrême qui la conduit au despotisme d'un « seul comme le despotisme d'un seul finit par « la conquête (1). » Ainsi, d'après l'auteur de L'*Esprit des lois*, l'égalité extrême est la ruine de la démocratie.

La démocratie extrême n'admet pas, entre les

______

(1) *Esprit des lois*, t. I, liv. VIII, chap. II.

citoyens, la moindre parcelle de dépendance et d'infériorité. A peine admet-elle la déférence et la politesse d'usage. Le tutoiement est de rigueur en signe de parfaite égalité.

Mais qui ne voit, cependant, que pousser jusque-là, en France, ce mode de gouvernement serait chose impossible, et ce serait là l'excès d'égalité funeste à toute démocratie. — La France de la chevalerie, le pays de l'urbanité, la France, enfin, de François Ier et de Louis XIV ne saurait être effacée d'un trait.

La France, d'ailleurs, est ainsi faite, par son histoire, ses traditions et ses mœurs, qu'avec sa soif d'égalité elle a soif aussi de distinctions honorifiques. C'est une des grandes contradictions du caractère national. On dirait la persistance de la vieille promiscuité franque et gauloise. Et, après un demi-siècle environ d'application de l'esprit démocratique, il n'est pas un seul être en France, si petit qu'il fût, auquel on oserait écrire une lettre sans faire, sur l'adresse, précéder son nom du mot *monsieur* au lieu du mot *citoyen* dont on fit vainement l'essai en 1848, et pas un seul être inconnu qu'on voulût ou qui voulût tutoyer.

Il y a, enfin, selon nous, deux démocraties, l'une qui tend à tout niveler en abaissant tout par l'envie, c'est la mauvaise; et l'autre, la bonne, qui veut tout niveler en élevant tout par le respect.

Or, n'est-ce pas faire de l'égalité extrême, en démocratie, que de vouloir d'un seul bond introniser, chez un peuple entré d'hier dans l'application de l'esprit démocratique relatif, des usages résultant d'une pratique invétérée de l'esprit démocratique absolu? N'est-ce pas froisser les mœurs? Et comme ce n'est jamais que par le temps et les mœurs qu'en fait de gouvernement et de législation on peut fonder quelque chose de durable, comme les mœurs ne vont jamais, dans la voie du progrès, aussi vite que les lois, il est évident que c'est à tort ou tout au moins prématurément que la Domesticité, comprenant fort mal notre démocratie française, et visant à imiter d'autres démocraties, a voulu emporter et prendre même d'assaut chez nous le nom et les allures de l'*aide* américain.

Et c'est incontestablement l'influence du suffrage universel qui a surtout, sur ce point, faussé, chez le domestique, la vraie notion des principes de la démocratie. — Cette cause est réelle, parce que l'égalité est mal comprise ou plutôt exagérée dans sa portée. Il n'y a, en effet, rien d'absolu en ce monde, pas plus l'égalité que le reste. Ce n'est que devant la loi comme devant Dieu que tous les citoyens sont absolument égaux. Il n'y a d'égalité parfaite entre les hommes qu'en ce qui touche leurs droits et leurs devoirs de citoyen; mais il en est autrement en tant que membres d'une société vivant et fonctionnant avec la variété des professions, le nombre infini d'activités diverses, l'immensité

des sources exploitées du travail, des ressorts
de l'industrie et des mille et un canaux du commerce et avec cette multitude innombrable d'in-
telligences, d'aptitudes et d'esprits différents
et souvent contraires, toutes existences se
mouvant, dans le cercle des sociétés, sous les
influences plus ou moins responsables du libre
arbitre, de l'instinct individuel et des inclinations personnelles déterminantes du choix de
la situation civile ! — Est-ce que nos domestiques
ne sont pas, en définitive, des hommes libres
qui ne s'abaissent à servir, si tant est qu'on
puisse voir un abaissement dans la profession
de domestique, que dans des bornes stipulées
dans un contrat librement discuté et dans un
but d'utilité commune au maitre et au serviteur
et par nécessité réciproque? Quelle différence
pourrait-on établir entre un propriétaire qui, dans
un contrat de louage, fait le sacrifice de la jouis-
sance de sa maison en faveur d'un locataire et
le domestique qui renonce à une partie de son

libre arbitre ou de sa liberté en faveur d'un maître, d'après un contrat dans lequel le prix donné par l'un est l'équivalent, le dédommagement ou la compensation acceptés du sacrifice de l'indépendance momentanée de l'autre? — Ce n'est donc pas ici du droit de liberté *politique* ou *civique* qu'il s'agit, mais d'une situation *civile* rentrant, comme toutes les professions, dans la sphère des transactions qui constituent la grandeur, la sécurité et la gloire des sociétés bien équilibrées. — Et, par conséquent, c'est une erreur déplorable que celle qui pousse le serviteur dans le rêve et la poursuite d'une égalité absolue tout à fait contraire aux vrais principes de la démocratie!!!

Nous sommes heureux d'être, sur ce point, d'accord avec un des publicistes les plus savants et les plus avancés de la démocratie, Jules Barni, qui, dans sa *Morale dans la démocratie,* imprime en toutes lettres que *la domesticité française a fait de la démocratie une fâcheuse interprétation* (1). Retenons bien cette sentence solennelle à l'endroit des domestiques !

Une autre cause du mal, quoique en certains cas elle soit un bien, c'est, depuis quarante ans, le développement de la fortune mobilière, des grands travaux publics, des entreprises industrielles et commerciales, de l'esprit de spéculation, des associations de capitaux, c'est surtout l'extension des jeux de bourse. Il en est surgi de grandes fortunes et des demi-fortunes nombreuses, et l'on a pu voir s'improviser quantité de positions élevées, sorties des rangs inférieurs de la société. De là, beaucoup de maîtres et de maîtresses également improvisés, surpris autant qu'enivrés de leur nouvelle position, dépourvus alors du prestige de l'autorité morale et de la tenue, indispensables au maintien du respect des domestiques qu'ils se sont empressés de multiplier à leur service, car il ne suffit pas de

(1) Jules Barni, *la Morale dans la démocratie*, p. 65.

commander, il faut savoir commander, et ce n'est pas science facile.

Ces fortunes inespérées ont eu cet effet dangereux, c'est de laisser croire que ce n'est pas par le travail régulier que l'on acquiert le bien-être, et que cette voie du travail est trop lente et surchargée de privations. C'est ce que Le Sage a si bien mis en relief dans sa comédie de *Turcaret*, qui est la plus mordante satire contre les richesses mal acquises et dans laquelle les domestiques Frontin et Lisette se chargent de justifier ce que nous venons de dire.

D'un autre côté, le développement du luxe qui a pénétré, sur une échelle ruineuse, dans toutes les classes de la société, y a surexcité toutes les convoitises, toutes les vanités, et Dieu sait jusqu'où toutes ces aspirations peuvent aller lorsqu'elles ne sont contenues ni par l'éducation ni par les principes de la morale et de la religion. — « Le luxe, dit Jean-Jacques Rousseau, « est l'effet des richesses ou il les rend néces-

« saires. Il corrompt à la fois le riche et le
« pauvre, l'un par la possession, l'autre par
« la convoitise (1). »

Nos pères avaient, dans leur confortable, une
grande simplicité, remplacée par un étalage
d'objets d'art et de fantaisie dont l'entretien tout
seul exige des soins minutieux, et ces nouvelles et croissantes exigences, incomprises
ou non satisfaites, donnent aux maîtres une attitude tracassière, une humeur grondeuse, et aux
domestiques une fatigante préoccupation d'esprit voisine du découragement. Que de maîtres
qui crient contre la corruption du luxe ont
exigé de leurs domestiques des conditions d'élégance et de toilette dont ils ont, par ostentation,
voulu parer les dehors de leur service !

Un publiciste d'une grande portée, esprit

____

(1) Jean-Jacques Rousseau, *Contrat social*, liv. III, chap. IV.
D'Aguesseau dit en parlant du luxe : « En multipliant les
« besoins, le luxe allume la soif des richesses et entretient
« dans le cœur un fonds de cupidité. »

chercheur et pénétrant, Le Play (1), voit la cause unique du mal dans la disparition de ce qu'il appelle la *famille-souche*, par opposition avec ce qu'il appelle la *famille-instable*. Le domestique, autrefois, trouvait dans la *famille-souche*, d'une permanence assurée, une ancre certaine de repos et de sécurité pour ses vieux jours. C'était là le *criterium* de l'attachement du serviteur à ses maîtres. Le partage forcé a fait disparaître l'immutabilité de la maison paternelle, désormais divisée ou vendue. Le partage en nature a tué la *famille-souche* qui était le centre immuable autour duquel gravitaient, solidairement unis, les parents célibataires, les domestiques et tous les membres, aujourd'hui dispersés, de la famille, courant après un asile qu'ils trouvaient jadis naturellement réservé et infaillible.

______

(1) *La Réforme sociale en France*, par Le Play, t. I, chap. III, p. 226, 227 et 228.

Cet auteur part de ce principe vrai que les rapports de maîtres à domestiques ne comportent pas l'indifférence ; car c'est avec raison qu'on a dit du domestique : « Cette incarnation « à tête de femme, à pieds d'homme et à dos « d'esclave, qui a des ongles, qui a des « griffes, qui a de sourdes rancunes et de basses « vengeances quand il n'est pas tout dévoue- « ment, tout cœur, toute affection. » Et, en effet, le domestique ne peut être qu'un ami ou un ennemi ! Le Play établit, dès lors, que les serviteurs sont conduits à haïr, tout au moins à envier ceux qu'ils ne sauraient ni respecter ni chérir. De là, des ennemis intérieurs et un trouble profond dans le foyer domestique et le bonheur individuel.

Il convient d'ajouter ici que, de toutes les professions de ce monde, il n'en est aucune de plus difficile, de plus délicate et de plus digne d'estime et de considération que celle de domestique lorsqu'elle est exercée avec honneur et loyauté. L'industriel, l'agriculteur, et tout autre ouvrier, en général, opère sur une matière parfaitement définie, délimitée, circonscrite, qu'il façonne à son gré suivant des règles ou des formules déterminées d'avance. Il sait à merveille ce qu'il aura à faire, et la règle de ses opérations journalières ou momentanées le dispense même du soin d'en étudier ou définir la portée. C'est un travail matériel, positif, certain, palpable et prévu d'avance dans ses moindres parties. — Mais il en est tout autrement du domestique, et surtout du domestique *à tout faire*, qui, voué par état au service d'un être intelligent essentiellement variable dans ses désirs, ses besoins, ses caprices même, doit être à l'affût permanent des ordres divers et des vœux éminemment ambulatoires et changeants de son maître. De combien de prévoyance alors, d'attention, de patience et même de résignation ne faut-il pas être doué pour exercer, d'une manière complète et satisfaisante, une telle profession dans ses exigences si complexes et ses infinies variabilités!!!! Aussi est-il juste d'affirmer que, de toutes les industries, celle-ci est la plus philosophique et la plus élevée, parce que c'est l'industrie par excellence du savoir-faire général, c'est l'industrie de tout ce que l'esprit de dévouement, mis au service d'une personne, peut imaginer en fait d'attentions, d'égards et de soins!!! Et, par conséquent, plus cette profession est difficile, plus elle est digne de nos encouragements et de nos hommages!!

Il faut bien le dire aussi, la manière dont quelques maîtres traitent leurs serviteurs n'est guère faite pour inspirer à ceux-ci, avec l'amour de leur condition, le respect et l'affection pour ceux-là. « *Maître et bon! Maître et juste!* Ces « mots s'accordent-ils? » Se demandait Paul-Louis Courier, et il ajoutait : « Oui! grammati-« calement, comme *Honnête larron! Équitable* « *brigand!* » — Au lieu de témoigner à leurs domestiques un intérêt réel en leur parlant avec sollicitude de leurs affaires, de leurs intérêts, de leurs affections, et en les éclairant de conseils bienveillants, combien de maîtres abusent de leur autorité vis-à-vis d'eux en les fatiguant de leurs exigences, en leur montrant la plus froide indifférence, en leur parlant avec raideur, en les considérant même comme des bêtes de somme obéissant sous une livrée, en manquant enfin aux égards auxquels ils ont droit et en tolérant les mêmes manquements de la part de leurs enfants? — Turgot n'écrivait-il pas à Mme de Graffigny : « Je vois que partout la première leçon « qu'on donne aux enfants, c'est de mépriser « les domestiques. Les parents regardent cela « comme une vertu! » Sans doute ces allures hautaines de certains seigneurs de l'ancien régime vis-à-vis de leurs serviteurs se sont quelque peu modifiées sous l'influence des idées démocratiques; mais il est encore, de nos jours, trop de maîtres qui oublient que ce n'est ni par le mépris ni par l'indifférence qu'on peut se faire estimer, sinon aimer de ses domestiques, et n'ont-ils pas, conséquemment, mauvaise grâce à se plaindre de la mauvaise humeur et même de l'hostilité de ceux-ci?

C'est donc une faute lourde de la part des maîtres d'avoir élevé à la hauteur d'un principe le dédain envers la classe des serviteurs. C'est ainsi qu'ils se sont complus à en faire une classe dégradée en affectant de considérer leur profession et leurs travaux comme avilissants. Est-il étonnant, après cela, que le domestique rende à son maître le mépris que celui-ci lui a manifesté? « Chaque fois que l'homme attache une « chaine aux pieds de son semblable, dit Bernar- « din de Saint-Pierre, la justice divine se charge « d'en river une autre au cou du tyran. » — En humiliant nos semblables, nous nous attirons forcément leur envie et leur haine secrète, et nous devons, dès lors, nous attendre à tout! Que de maîtres encore, d'un caractère naturellement irascible, perdent jusqu'au sentiment de leur propre dignité en commettant l'imprudence de se laisser aller à des écarts d'emportement, alors que leurs domestiques, qu'ils ont froissés dans leur amour-propre par d'injustes reproches et d'injustifiables vivacités, ne leur ont répondu que par une attitude silencieuse et patiente! — Comment le maître pourra-t-il jamais reconquérir, sur ceux qu'il a ainsi cruellement offensés, son influence perdue de la sorte dans ces occasions trop souvent renouvelées? Et c'est ici qu'il nous a été permis de constater qu'il y a, chez certains domestiques d'un bon naturel, une puissance de résignation dont peu de maîtres, à leur place, sauraient donner l'exemple!

Une cause indirecte enfin, mais également générale, c'est la rareté de la matière première, l'étoffe du domestique. Cette rareté, en lui donnant conscience de sa nécessité, accroît singulièrement ses exigences. C'est de la campagne, cette pépinière primitive de la plupart de nos grand ressorts de vitalité sociale, l'armée, les productions du sol, que sortent nos domestiques. La dépopulation des campagnes continue, mais c'est désormais au profit de l'industrie, et l'effet du principe économique de l'offre et de la demande se produit ici aux dépens du recrutement de la domesticité. Les ouvriers et ouvrières du commerce et de l'industrie font un travail mécanique et uniforme qui les ravale à la condition de machines sous l'œil d'un contremaître parfois brutal, toujours exigeant, qui les astreint au silence, à la ponctualité. Mais, indépendamment de ce qu'ils sont plus rétribués que les domestiques, ils ont leur domicile : ils sont chez eux en dehors des jours et des heures du travail. Ils se croient indépendants, et il en est de l'indépendance comme du bonheur : Est indépendant celui qui croit l'être (1).

(1) La principale cause de l'émigration des populations rurales vers les cités, c'est la rupture de l'équilibre entre le revenu du capital mobilier et celui de la propriété foncière,

Ce désir de liberté, dont le mobile n'est pas toujours un sentiment d'indépendance mais la satisfaction de certains vices, a perdu bien des domestiques en déplaçant le courant de leur vocation primitive. — Il est telle localité de la France où ce phénomène du déplacement des conditions par l'industrie a bouleversé toute la population. Un jour, une grande manufacture s'établit. Aussitôt le branle est donné : tous les services des maisons deviennent vacants par l'embauchage à l'usine de toutes les servantes, et la conséquence de ce fait économique qui n'est pas rare ne tarde pas à se manifester dans la progression rapide des naissances illégitimes! ! Voilà qui n'est certes

et surtout entre le taux du salaire industriel et celui du salaire agricole. Pour enrayer cette plaie de la dépopulation des campagnes, il faudrait que le législateur pût trouver un moyen de rétablir l'équilibre, car si le salaire agricole était au moins égal au salaire industriel, comme la cherté des subsistances est moindre à la campagne qu'à la ville, les populations rurales ne tendraient pas constamment à se dépayser.

pas fait pour rehausser le niveau de la moralité publique !

Quant aux causes particulières du mal, elles naissent des nécessités même de la position de domestique. Il est des vices inhérents à chaque état. Ceux de la domesticité surgissent du milieu où elle est placée et de la législation spéciale qui la concerne.

La principale cause de la dépravation des domestiques, c'est la dépravation de leurs maîtres. Rien de plus vrai que ce proverbe trivial : *Tel maître, tel valet*. Le domestique est, comme l'enfant, essentiellement imitateur, et rarement on trouvera un domestique vertueux chez un maître vicieux.

> Du maître, quel qu'il soit, peu, beaucoup, ou zéro,
> Le valet fut toujours ou le singe ou l'écho.

Est-il donc étonnant alors qu'au contact de la corruption des maîtres les domestiques se pervertissent à leur tour, qu'ils trompent des maîtres que chaque jour ils voient tromper, qu'ils mentent à ceux qu'ils voient mentir, qu'ils volent ceux que, de toutes façons, ils voient voler, et qui parfois en font les instruments ou les complices de leurs méfaits ? — C'est donc d'exemple que le maître doit prêcher. Il a véritablement charge d'âmes, et combien peu de maîtres comprennent cette haute mission et leur responsabilité !!

C'est surtout sous le rapport des mœurs que s'exerce cette influence corruptrice des maîtres sur leurs serviteurs, ainsi que l'atteste l'histoire de la domesticité. Le foyer domestique a été trop souvent, hélas! transformé en une école de corruption ; et que de faces multiples à cette corruption! C'est, d'abord, la servante qui, rapidement initiée à tous les mystères de la vie conjugale, aux vices du mari et aux froideurs de l'épouse, devient, lorsqu'elle est jeune et jolie, la maîtresse de son maître. Figaro n'est pas toujours là pour enrayer les intrigues amoureuses d'Almaviva ! —

« Rien de plus fréquent, dit Eugène Sue, que cette

« corruption plus ou moins imposée par le maître
« à la servante : ici, par la terreur ou par la
« surprise ; là, par l'impérieuse nature des rela-
« tions que crée la servitude. Cette dépravation
« par ordre, descendant du riche au pauvre, et mé-
« prisant, pour s'assouvir, l'inviolabilité tutélaire
« du foyer domestique ; cette dépravation, tou-
« jours déplorable quand elle est acceptée volon-
« tairement, devient hideuse, horrible, lorsqu'elle
« est forcée. C'est un asservissement impur et
« brutal, un ignoble et barbare esclavage de la
« créature, qui, dans son effroi, répond aux
« désirs du maître par des larmes, à ses baisers
« par le frisson du dégoût et de la peur. Et puis,
« pour la femme, quelles conséquences ! Presque
« toujours l'avilissement, la misère, la prostitu-
« tion, le vol, quelquefois l'infanticide (1) ! »
Michelet ne dit-il pas, à son tour, en parlant de
la jeune fille de la campagne, que sa mère a

(1) Ainsi parle Rodolphe, le principal héros des *Mystères de Paris.*

voulu vouer à la profession de domestique afin
de la soustraire aux rudes travaux des champs :
« — L'enfant n'est que trop portée à fuir les
« champs où le travail est si rude et si ingrat.
« Elle en est tout d'abord punie : elle ne voit
« plus le soleil. La bourgeoise est souvent très
« dure, surtout si la fille est jolie. Elle est immo-
« lée aux enfants gâtés, singes malins, cruels
« petits chats, qui font d'elle leur jouet. Alors
« elle voudrait mourir. Le regret du pays lui
« vient; mais elle sait que son père ne vou-
« dra jamais la reprendre. Elle pâlit, elle dépé-
« rit. Le maître seul est bon pour elle. Il la con-
« solerait s'il osait ! Il voit bien qu'en cet état
« désolé, où la petite n'a jamais un mot de dou-
« ceur, elle est d'avance à celui qui lui montrerait
« un peu d'amitié. L'occasion en vient bientôt,
« madame étant à la campagne. La résistance
« n'est pas grande. C'est son maître et il est fort !
« La voilà enceinte. Grand orage ! Le mari, hon-
« teux, baisse les épaules. Elle est chassée et

« sans pain sur le pavé, en attendant qu'elle
« puisse accoucher à l'hôpital. Quelle sera sa vie
« grand Dieu? que de combats! que de peines,
« si elle a tant de bon cœur, de courage, qu'elle
« veuille élever son enfant (1)! »

Or, de combien de maux cette dépravation n'est-elle pas la source dans le sein de la famille? Pense-t-on que la servante qui, ainsi expulsée par le maître qui l'a perdue et délivrée une fois des embarras de sa maternité, rentre au service d'un nouveau maître avec toute la rouerie que lui a donné l'expérience de cette première leçon, c'est-à-dire avec la résolution d'en devenir la maîtresse, non plus par besoin et naïf espoir d'une protection définitive contre son isolement et son abandon, mais par calcul et intérêt, pense-

(1) Cette corruption de la servante par le maître atteint de tristes proportions, puisque, sur une moyenne de 5,183 prostituées inscrites à la police, Parent-Duchâtelet constatait déjà, en 1836, qu'il y avait, dans Paris, 289 domestiques débauchées par leurs maîtres et jetées par eux sur le pavé de la capitale.

t-on que cette servante-maîtresse aura, vis-à-vis de l'épouse légitime, le respect qui lui est dû ? Et si celle-ci ne trouve pas, presque toujours, dans la soubrette, une rivale qui ne lui ménagera pas les humiliations, n'y trouve-t-elle pas parfois, lorsqu'elle est prédisposée à l'infidélité conjugale, une trop complaisante auxiliaire de ses déportements ? Car combien de servantes ont joué ce double jeu, y trouvant un double profit, d'être la maîtresse de *monsieur* et de servir en même temps les amours de *madame* en introduisant l'amant dans le lit de l'époux !! — Et le contact, maintenant, de tous ces éléments impurs avec les enfants qui grandissent et qui puisent à cette école du vice les plus déplorables exemples !!! La servante ne rendra-t-elle pas au fils ce qu'elle a reçu du père, et la virginité de la jeune fille elle-même échappera-t-elle à cette atmosphère de souillures qui l'environne ? — Qu'est donc le grappillage de *l'anse du panier* dont les maîtres font l'objet de tant de doléances, auprès de ce vol, bien autrement grave, du bien le plus sacré de la famille, l'honneur et la pureté des enfants ?

Et cette corruption a sa contrepartie et n'est pas moindre de la part de la maîtresse vis-à-vis des serviteurs mâles ? Que de turpitudes et d'ignominies occultes de ce côté ! Que de grandes dames n'a-t-on pas vues, fières de remonter aux croisades par leurs ancêtres, et qui, sans respect pour le blason de ceux-ci, par caprice ou par goût pour la carrure de leurs valets ou même encore pour tromper les ennuis d'une existence blasée et toujours en quête d'émotions et sachant ajuster l'orgueil des allures les plus altières avec les instincts les plus vulgaires, n'ont pas craint de faire souche de princes ou de ducs en se livrant clandestinement à quelque Lovelace d'antichambre ou d'écurie ! ! ! On connaît le mot de ce grand personnage contrefait devant un Antinoüs de la domesticité : c'était en pleine Régence, cette époque ou le dévergondage des mœurs était en

neur dans la plus haute société et même chez
les princesses de sang royal : « Hélas ! dit-il en
« soupirant, voilà (et il montrait le laquais fait
« au tour), voilà comme nous les faisons, nous !
« Et voilà (il se regardait, lui), voilà comme
« ils nous font, eux ! ! ! »

Et cette galante marquise de L..., qui avait un
mari difforme et un fils beau comme un Apollon,
ne dit-elle pas un jour, en parlant avec admiration de ce dernier : « En vérité, plus je contemple
« mon fils, plus je me persuade qu'il me sera
« arrivé de m'endormir dans mon antichambre ! »

Le duc de Richelieu n'avait-il pas un écuyer
qu'il savait occuper sa place auprès de la du-
chesse, sa première femme ? Il ne s'en plaignait,
dit-on, que parce que c'était un valet ! Ce valet
quitta le duc, peu après avoir été surpris dans les
bras de la maréchale ! Celle-ci morte et le duc
s'étant remarié, ce même écuyer osa bien venir
lui offrir ses services : « Qui donc vous a appris
« que je me remarie ? lui dit-il. »

Brantôme ne nous fait-il pas, en ces termes, le tableau de ces étranges caprices que les femmes de la haute société ont parfois dans leurs rapports avec leurs serviteurs mâles ? « J'ay ouy parler,
« dit-il, d'une belle et honneste dame, surtout
« fort spirituelle, de plaisante et bonne humeur,
« laquelle se faisant un jour tirer sa chausse à
« son valet de chambre, elle luy demanda s'il n'en-
« trait point pour cela en rut, tentation et concu-
« piscence. Encore dit-elle et franchit le mot
« tout outre. Le vallet, pensant bien dire, pour
« le respect qu'il luy portait, respondit que non.
« Elle soudain, haussant la main, luy donna un
« grand soufflet : — Allez, dit-elle, vous ne
« me servirez jamais plus ; vous êtes un sot,
« je vous donne votre congé. » — Et Brantôme ajoute ce trait de mœurs confirmatif de nos ré-flexions : « Il y a force vallets de filles au-
« jourd'huy qui ne sont si continents, en le-
« vant, habillant et chaussant leurs maîtresses :
« il y a aussi des gentilshommes qui n'eus-

« sent fait ce trait voyant un si bel appas. »

Aussi qu'arrivait-il ? le foyer domestique étant le plus souvent transformé en un lieu de prostitution, et une servante ou un valet étant la chose du maître, ceux-ci devenaient, au besoin, même pour les allants et venants, des instruments de plaisir. Tallemant des Réaux raconte qu'un jour où Mme Cornuel avait trop fait attendre M. de Sourdis, celui-ci « *pour se désennuyer engrossa sa femme* « *de chambre* ». Loin de la chasser, elle la fit accoucher secrètement et entretint l'enfant en disant : « *Il a été fait à mon service !* »

Terminons sur ce point par une anecdote qui met le comble à cette promiscuité de débauche entre maîtres et domestiques. Un gentilhomme courtisait la suivante de sa femme. Cette fille s'en plaignit à sa maîtresse. La dame lui ordonna de donner un rendez-vous à son mari, ajoutant qu'elle s'y rendrait à sa place et mettrait fin à ses obsessions par une sévère admonestation. Ce plan fut aussitôt exécuté. Mais voilà que, s'étant

ravisé et ne voulant plus donner suite à cette intrigue amoureuse, le gentilhomme envoie son
valet à sa place en lui recommandant le plus grand
secret. La dame, croyant que c'était son mari,
le laisse faire afin d'avoir une occasion de lui
faire honte. Mais quel n'est pas l'étonnement du
gentilhomme, en rentrant, de rencontrer Suzon,
la suivante : « Je te croyais à la grange, lui dit-il.
« — C'est madame qui a pris ma place, répon-
« dit-elle. » — Et le mari aussitôt de s'élancer en
criant de toutes ses forces : « Pierre ! ce n'est
« pas Suzon ! — Ma foi ! répond Pierre, Suzon
« ou non, c'est fait ! »

Il est vrai que toutes les femmes ne ressemblent
pas à celle de ce gentilhomme, ainsi que nous
l'apprend Balzac, qui, dans sa *Physiologie du
mariage*, nous montre, en ces termes, avec sa
finesse et sa profondeur d'observation habituelles,
le dernier échelon de cette corruption au sein
du foyer domestique : « Quand une femme n'a
« pas d'amie assez intime pour l'aider à se

« défaire de l'amour marital, la soubrette est
« une dernière ressource qui manque rarement
« de produire l'effet qu'elle en attend. — Oh !
« après dix ans de mariage, trouver sous son toit,
« et y voir à toute heure une jeune fille de
« seize à dix-huit ans, fraîche, mise avec
« coquetterie, dont les trésors de la beauté sem-
« blent vous défier, dont l'air candide a d'irrésis-
« tibles attraits, dont les yeux baissés vous crai-
« gnent, dont le regard timide vous tente, et pour
« qui le lit conjugal n'a point de secrets, tout à la
« fois vierge et savante ! Comment un homme
« peut-il demeurer froid, comme saint Antoine,
« devant une sorcellerie aussi puissante, et avoir
« le courage de rester fidèle aux bons principes
« représentés par une femme dédaigneuse dont
« le visage est sévère, les manières assez revè-
« ches, et qui se refuse la plupart du temps à son
« amour ? Quel est le mari assez stoïque pour
« résister à tant de feux, à tant de grâces ? —
« Là où vous apercevez une nouvelle moisson

« de plaisirs, la jeune innocente aperçoit des
« rentes, et votre femme, sa liberté. C'est un
« petit pacte de famille qui se signe à l'amiable.
« Alors votre femme en agit avec le ma-
« riage comme les jeuncs élégants avec la
« patrie. S'ils tombent au sort, ils achètent un
« homme pour porter le mousquet, mourir à leur
« lieu et place, et leur éviter tous les désagré-
« ments du service militaire. Dans ces sortes de
« transactions de la vie conjugale, il n'existe
« pas de femme qui ne sache faire contracter
« des torts à son mari. J'ai remarqué que, par
« un dernier degré de finesse, la plupart des
« femmes ne mettent pas toujours leur sou-
« brette dans le secret du rôle qu'elles leur don-
« nent à jouer. Elle se fient à la nature et se
« conservent une précieuse autorité sur l'amant
« et la maitresse. Ces secrètes perfidies féminines .
« expliquent une grande partie des bizarreries
« conjugales qui se rencontrent dans le monde ;
« mais j'ai entendu des femmes discuter d'une

« manière très profonde les dangers que pré-
« sente ce terrible moyen d'attaque, et il faut
« bien connaître et son mari et la créature à la-
« quelle on se livre pour se permettre d'en user.
« Plus d'une femme a été victime de ses propres
« calculs. Aussi, plus un mari se sera montré fou-
« gueux et passionné et moins une femme osera
« employer cet expédient. Cependant un mari
« pris dans ce piège n'aura jamais rien à objecter
« à sa sévère moitié, quand, s'apercevant d'une
« faute commise par sa soubrette, elle la ren-
« verra dans son pays avec un enfant et une
« dot. »

Comment donc le respect, qui est la clef de voûte
du toit domestique, aurait-il pu tenir à ce feu
croisé d'éléments vicieux du boudoir à l'antichambre et réciproquement? Par cette transformation
de leurs servantes et de leurs valets en instruments dociles des plus viles passions, les Maîtres
n'ont-ils pas ainsi, dans cet oubli de tout sens
moral et en faisant litière du bonheur domes-

tique, véritablement tué la poule aux œufs d'or?

Quant à cet adage : *Les bons maîtres font les bons domestiques*, sa vérité est très relative. Ce n'est, en effet, qu'autant que le serviteur n'est pas déjà vicieux qu'il se fera bon chez un bon maître, car on ne ramène jamais un ingrat, un fripon, un tartuffe ; c'est un vice du cœur, il est incurable !

Les domestiques se gâtent entre eux ou plutôt les mauvais se liguent contre le bon. Ils disent qu'il perd le métier, parce que sa conduite est la censure de la leur et les affecte d'une fâcheuse comparaison. Il n'est pas de moyens qu'ils n'emploient pour le corrompre ou l'évincer de sa condition en le dénigrant près de ses maîtres, en dénigrant ses maîtres près de lui. — Nous avons pu voir à la campagne un domestique, allant plus tôt et restant plus tard que les autres à l'ouvrage, revenir l'objet de leurs injures et de leurs menaces. Ils auraient fini par le lapider.

Il est une autre cause particulière de la dépravation de nos serviteurs, inhérente à l'influence des milieux, qu'il convient de signaler ici et qui affecte principalement la domesticité parisienne : c'est l'aménagement vicieux des constructions de la capitale qui a pour effet de soustraire les domestiques à la surveillance de leurs maîtres en les confinant, après leur service, dans les combles de la maison, et d'établir ainsi, par cette ligne de démarcation, une division en deux classes bien tranchées. Autrefois, grâce à sa cohabitation avec ses maîtres, le domestique pouvait, au moins, se considérer comme faisant partie intégrante de la famille. — Mais cette exclusion actuelle du toit domestique, en enlevant au serviteur cette illusion, l'a convaincu qu'il constitue une caste à part et qu'il n'est plus qu'un simple mercenaire, rendu, son service une fois terminé, à sa pleine indépendance. Or, le sixième étage, sorte de cité domestique, est une nouvelle école de corruption. C'est un foyer de fermentation de toutes les mauvaises passions qui travaillent l'âme de nos domestiques ! Ils y ont des conciliabules, des réunions et s'y livrent à des orgies où ils donnent un libre essor aux épanchements de leur cœur contre leurs maîtres, si bien que, dès qu'un domestique entre dans la maison, vierge de toute mauvaise suggestion et animé de principes de fidélité et de respect envers ses maîtres, il est aussitôt contaminé, perverti et mis à l'unisson des autres sous peine d'une intolérable persécution ! En ne retenant donc pas leurs serviteurs auprès d'eux sous le toit domestique, les maîtres ont, par cette imprudente abdication de toute surveillance à leur endroit, prêté d'eux-mêmes la main au développement de leurs plus mauvais instincts !

Comment donc, avec cet aménagement vicieux des constructions modernes d'où résulte la dangereuse promiscuité des mansardes, appliquer ce précepte de l'auteur du *Menagier* à sa femme :

— « Les chambrières de quinze à vingt ans,
« pour ce que en tel aage elles sont sottes et n'ont
« guères veu du siècle, que vous les faciez
« coucher près de vous en garde-robe ou
« chambre où il n'ait lucarne ou fenestre basse,
« ne sur rue, et se couchent et se lièvent à vostre
« heure? » — Quel triste couronnement de ces somptueuses constructions de Paris que cette concentration de tous les vices d'une classe qui surplombent sur les égoïsmes des étages inférieurs de tout le poids des sourdes hostilités engendrées par l'envie et la haine sociale!!!!!

Et cette corruption nouvelle ne s'aggrave-t-elle pas encore de l'influence détestable des concierges qui font des domestiques les pourvoyeurs de leur rapacité? — Tout se résume dans cette convention tacite en vertu de laquelle le concierge consent à fermer les yeux sur toutes les escapades des domestiques qui, en échange de cette coupable complaisance, lui donnent une large part de tout ce qu'ils dérobent journellement à leurs maîtres. Que de tables de concierges sont ainsi abondamment pourvues, grâce à la dîme quotidienne que l'omnipotence de ce seigneur suzerain de la loge et du cordon prélève sur tous ses vassaux de la domesticité!!! Et cette féodalité d'un nouveau genre n'a-t-elle pas même jusqu'à son droit du seigneur? Malheur au domestique dont l'honnêteté s'aviserait de porter la moindre atteinte à ce casuel! On lui aurait bien vite enseigné à ses dépens ce qu'il en coûte de lutter avec pareille puissance!!

Et les fournisseurs qui assiègent les domestiques pour les corrompre par des remises dont la pratique, inventée à Paris, est universelle aujourd'hui! Cette maxime est dans la bouche des domestiques : *Quand nous achetons, les 4 0/0 à notre profit sont de droit.* — C'est là, malheureusement, de la part du fournisseur, un acte de subornation qui porte le domestique à payer plus cher, puisque les remises sont établies sur le chiffre de l'achat, un acte aussi de déloyale concurrence et enfin une complicité dans un fait d'improbité qui côtoie l'abus de confiance, car c'est, en définitive, la bourse du maître qui paye tout !

Et depuis que les maîtres ont reculé devant le devoir de s'expliquer sur la moralité des domestiques expulsés de chez eux, ce qui empêche d'autres maîtres de connaître la vérité sur ces domestiques qui leur sont envoyés par des bureaux de placement ou qui se présentent d'eux-mêmes pour entrer en condition, ils n'osent même pas se plaindre à la justice des méfaits dont ils sont les victimes. C'est ainsi que d'impunités en impunités les mauvais domestiques passent du vice au délit et du délit au crime, en en faisant l'habitude invétérée de leur triste existence. Encore ici la faute du maître !!

Il n'est pas jusqu'aux lois sur la matière qui n'aient une large part dans les causes du mal.

Lorsque, sur un point donné de la législation,

les mœurs ne sont pas d'accord avec les lois, il y a tiraillement, il y a malaise et perturbation. Or, qu'arrive-t-il ? Quatre-vingt-neuf émancipe les classes de la société dans les limites de leurs situations respectives. Mais voilà que quatre-vingt-treize va plus loin et que la Convention nationale décrète, dans sa déclaration des Droits, un article 18 ainsi conçu : « La loi ne connaît point « de domesticité. Il ne peut exister qu'un enga- « gement de soins et de reconnaissance entre « l'homme qui travaille et l'homme qui l'em- « ploie ! »

Ainsi, la Convention supprime les domestiques ; elle en supprime jusqu'au nom, car elle les appelle des *officieux*.

Les mœurs sont révoltées de cette maxime révolutionnaire, car, deux ans après et le 5 fructidor an III, la même assemblée revient contre l'article 18. Elle défait ce qu'elle avait fait, et, rétablissant le mot *domestique* et la chose en même temps, elle dit dans l'article 13, § 3 de sa

Constitution : « L'exercice des droits de ci-
« toyen est suspendu par l'état de domestique
« à gages, attaché au service de la personne ou
« du ménage. »

La Convention fait donc de la réaction contre elle-même, à ce point de priver le domestique de ses droits de citoyen. Il a fallu que les mœurs aient bien pesé sur elle pour que, en si peu de temps, elle se soit décidée à se déjuger ainsi.

La réaction continua depuis, car le décret du 3 octobre 1810 assujettit, sous peine d'emprisonnement et d'amende, les domestiques à des mesures d'inscription à la police, et porte que tout domestique qui ne justifierait pas de moyens d'existence et d'une résidence serait considéré comme vagabond, arrêté et puni comme tel.

— D'après ce décret, il était défendu aux domestiques de louer aucune chambre ou cabinet à l'insu de leurs maîtres et sans avoir prévenu le commissaire de police, à peine d'une incarcération qui ne pouvait être moindre de huit jours mais pouvait être de trois mois. — Il était également interdit aux propriétaires et principaux locataires de louer ou sous-louer aucune chambre ni cabinet sans en avoir fait la déclaration au commissaire de police. — Ces dispositions sévères permettaient, en suivant les domestiques partout où il passaient, de se fixer aisément sur leurs antécédents.

L'obligation du livret survint. Elle ne dura pas. Les révolutions subséquentes ont, par un brusque revirement, affranchi la domesticité de toute gêne. L'intérêt pour les classes ouvrières a grandi. L'article 1781 du code civil a été abrogé. Le serment du domestique a valu celui du maitre. Le droit de suffrage, la loi sur les coalitions, le mouvement général des esprits en faveur des classes ouvrières, tout a contribué à surexciter les domestiques dans l'ardeur de leurs prétentions et de leurs convoitises et à les fourvoyer dans la *fausse interprétation des principes de liberté et d'égalité* dont Jules Barni est le premier à reconnaître, avec bonne foi, la *fâcheuse* existence, et c'est ce qui lui fait dire que, *dans les rapports réciproques des maîtres et des domestiques, les mœurs sont beaucoup moins démocratiques que les lois* (1).

Mais comme, dans ce regrettable conflit, les mœurs sont plus fortes que les lois sur ce terrain du toit domestique, leur domaine exclusif où elles règnent sans partage, n'est-il pas à craindre qu'il en soit de la domesticité comme de la toile de Pénélope, puisque les habitudes ou les mœurs pourront défaire la nuit ce que les lois auront tissu le jour?

De toutes les causes de l'imperfection du domestique les plus puissantes ne viennent donc pas de lui. Sa position lui rend la vertu plus difficile qu'à d'autres. Séparé de son pays, de sa

____

(1) Jules Barni, *la Morale dans la démocratie*, p. 63.

famille et parfois de ses enfants, il se trouve au sein de l'opulence et du luxe avec sa pauvreté. Le lit qu'il a fait, le dîner qu'il a servi, l'or et la soie qu'il a partout touchés le jour lui reviennent en mémoire lorsque, couché la nuit dans le sous-sol ou dans les combles de la maison, il se reporte à la situation de sa famille. Ses convoitises s'allument, les mauvais exemples l'assiègent, les séductions des fournisseurs, les incitations des suborneurs, l'esprit de parti, les tergiversations contradictoires de la loi, son ignorance native ou ses demi-lumières, les propos souvent inconsidérés et licencieux de ses maîtres, ceux des autres domestiques dont il est obligé de faire sa société, tout tend à l'égarer, à lui faire perdre le sens moral, à enfler ses aspirations, et, sans vouloir faire un héros de vertu du domestique resté pur au milieu de tant d'éléments d'impureté, il serait peut-être permis de dire avec Figaro : « Aux vertus qu'on exige « dans un domestique, connaît-on beaucoup

« de maîtres qui fussent dignes de l'être (1)? »

C'est sous l'empire de ces idées que nous abordons la question du remède à l'état maladif de la domesticité chez nous.

(1) Beaumarchais, *le Barbier de Séville*, acte I, scène II.

CHAPITRE IV

REMÈDES ET SOLUTIONS. — RÉFORME DES MAITRES ET DES DOMESTIQUES

Remèdes à l'état maladif de la domesticité. — De la suppression absolue du domestique : Abraham Lincoln et sir Thomas Talford. — Le *service à la tâche* : son impossibilité. — Impuissance de la législation ; influence des mœurs. — La réforme d'en bas par la réforme d'en haut. — Réforme du maître par l'éducation de la femme. — Le *Respect de soi-même*. — Les grands hommes et leurs domestiques. — Lord Chesterfield et Fénelon. — Modification des rapports du maître et du serviteur par la démocratie. — Réforme des domestiques : son importance. — L'éducation professionnelle du serviteur ; moyens de le rattacher à sa condition. — Moyens d'empêcher l'introduction des scélérats sous le toit domestique. — Le livret et le certificat. — Les bureaux de placement et leurs dangers ; insuffisance des renseignements. — Insouciance générale à cet égard. —

Moyens divers proposés pour remédier au mal ; intervention de l'État ; initiative privée. — Conclusion.

Il est des écrivains moroses qui, mettant tout sur le compte des maîtres et criant bien haut à l'exploitation de l'homme par l'homme, ne voient qu'un remède, le meilleur de tous et le plus facile, c'est, à l'exemple de la Convention nationale, la suppression absolue du domestique. Que l'on se serve soi-même, on n'en sera que mieux servi, et l'on coupe court à toute récrimination. C'est raisonner comme ce personnage arriéré de l'ancien régime qui, fatigué d'entendre sans cesse parler du peuple, en aurait désiré la suppression. C'est un remède à coup sûr héroïque mais qui ne coûte rien aux efforts de l'intelligence. Guérir le malade en le supprimant, rien de plus simple !

Dans ce système, que devient cet admirable ressort du progrès universel, la division du travail, source de la puissance productive de la nation, d'où surgissent les grandes spécialités scientifiques, artistiques et littéraires et sans laquelle il n'y aurait ni profession libérale, ni administration, ni justice distributive possibles, ni commerce, ni industrie praticables dans les conditions sociales actuelles. Absorbé tout entier dans les soins du service intérieur du ménage, pourrait-on, sans inquiétude et librement, vaquer à d'autres occupations et surtout à des occupations morales et professionnelles?

Car tout le monde n'est pas trempé comme certaines natures privilégiées qui ne constitueront toujours, dans le corps social, que de stoïques exceptions, et ce n'est pas sur l'exception qu'il faut tabler quand on veut résoudre une question sociale. — Sans doute, ce serait un merveilleux progrès que celui qui ferait de nous tous des individualités comme Abraham Lincoln et sir Thomas Talford. — Qui ne sait que le premier, avant son élection à la Présidence américaine, vivait sans domestique et se servait seul dans sa petite maison de l'Illinois, dont il ouvrit lui-même la porte aux messagers qui vinrent lui annoncer qu'il était président des États-Unis d'Amérique? Le second, qui était l'un des ingénieurs les plus illustres qu'ait produits l'Angleterre, n'avait-il pas exclu de sa vie le domestique comme un luxe inutile et une superfétation indigne d'un homme sérieux? C'est apparemment dans l'infériorité même de son extraction, d'où il s'était, grâce à son intelligence, élevé à une haute situation sociale, qu'il avait puisé ces mâles habitudes. Imbu de ce principe faux que la domesticité avait un caractère dégradant par suite du préjugé qui s'attache aux travaux domestiques, il s'enfermait, matin et soir, pour brosser ses habits et cirer ses bottes. Et, à son secrétaire intime qui lui en avait exprimé sa surprise, il répondait : « Ne faut-il « pas un certain repos aux travaux de l'esprit? « Ce temps de repos, je l'utilise et je crois qu'il « est vraiment plus noble de se rendre ainsi in-« dépendant que de faire exécuter une pareille

« besogne par un de ses semblables. Seulement,
« je ferme la porte, parce que ce n'est pas en-
« core ainsi qu'on entend la vie domestique ! »

Mais que peu de gens auraient, avec nos éducations actuelles, la force d'âme nécessaire pour
imiter ces grands exemples!!! — Et d'ailleurs,
le plus grand obstacle ne viendrait-il pas d'une
sorte de respect humain empêchant de braver les
quolibets de l'opinion? Ne suffit-il pas de rappeler cette anecdote d'un ancien conseiller du
Parlement, fort âgé, qui, en étant venu, par avarice, à se servir lui-même, avait, afin qu'on ne
crût pas qu'il faisait lui-même son service,
décousu une manche de la livrée d'un domestique et la revêtait chaque fois qu'il avait à passer
le bras par la fenêtre soit pour ouvrir ses volets,
soit pour jeter quelque chose ?

Certes, ce serait, encore un coup, un admirable résultat que cette généralisation du service
par soi-même. Ce serait un tour de force de l'é-
ducation qui en ferait bien d'autres, car ne

sommes-nous pas, avant tout, des êtres d'habitude ? Que de causes de tourments et de troubles de moins dans le sein des familles ! Que de déboires évités dont la domesticité est la source ! — Mais c'est, surtout dans l'état actuel de nos mœurs, une vaine utopie que ce rêve de certains idéologues de faire ainsi table rase du service domestique !

Il est vrai qu'on admet certains cas très rares où le secours d'une main étrangère est indispensable. Mais alors interviendrait l'*aide* américain ou le *service à la tâche*, à la condition, bien entendu, quant à l'*aide* américain, d'en subir la tyrannie comme on la subit aux États-Unis. Et, quant au *service à la tâche*, nous en comprenons bien l'application à des travaux dont on peut mesurer l'importance exacte et l'étendue, comme en matière de travaux de terrassements sur lesquels, grâce à des plans dressés à l'avance, basés sur des profils en long et en travers et complétés par des sondages, on est parfaitement fixé d'avance à tous égards. Mais qu'en fait d'occupations minutieuses, de leur nature essentiellement indéterminées et pour la plupart intellectuelles et d'une éventualité permanente, échappant à toutes mesures de toisage et d'évaluation matérielle, on songe à l'application d'un tel système, cela nous paraît en dehors de toute logique.

Recourir à la vie d'hôtel comme quelques familles ont été forcées de le faire aux États-Unis? Mais que deviennent le calme discret, l'isolement, la concentration des sentiments de la famille qui ne vit que de l'échange, circonscrit à elle-même, de ses procédés, de ses secrets, de ses expansions, de ses douleurs et de ses joies? Les communications des membres de la famille entre eux sont essentiellement des confidences. Le toit domestique seul en garantit la discrétion, et la vie de famille, la plus grande des douceurs ici-bas, emprunte aux repas en commun, sous le toit paternel, un charme inexprimable. L'esprit de famille est donc foncièrement antipathique aux habitudes de la vie d'hôtel.

Ne vaudrait-il pas mieux peut-être une vaste entreprise de confection quotidienne des ménages, embrassant le service de toutes les habitations d'une ville ou d'un quartier, y compris l'approvisionnement et les repas ? Comment cette idée pratique n'a-t-elle pas germé déjà dans l'imaginative américaine qui a si ingénieusement substitué au vieux système des cheminées et des poêles des calorifères construits pour s'allumer et s'entretenir tout seuls. — Si cela continue, les Yankees sont assez ingénieux pour inventer des femmes de ménage mécaniques qui seront montées avec une clef comme l'*Anthropoglossos* ou la femme automate de M. Babbage, et des valets à vapeur garantis capables de faire tout le service d'une maison depuis l'antichambre jusqu'à la cuisine, ouvrant la porte aux visiteurs, tournant la broche ou remplissant la fontaine.

Le Play regrette la *famille-souche* et voudrait qu'on rétablît la liberté de tester afin d'armer l'autorité du père de famille. — Mais le retour à cet ordre d'idées ne pourrait s'effectuer qu'au prix, inestimable pour nous, de l'égalité dans les partages. Sans doute, le mode actuel du partage en nature, tel que l'a fait la jurisprudence, laisse beaucoup à désirer; il a ses abus. Nous verrions avec plaisir plus étendue qu'elle ne l'est la faculté des soultes en vue de la conservation en bloc de certains immeubles de quelque importance et de la conservation du mobilier paternel. Mais le principe de l'égalité entre enfants d'un même sang nous paraît sacré dans sa combinaison avec la quotité disponible, et nul n'a jamais mieux montré les dangers de la liberté testamentaire que le grand poète anglais Shakespeare dans la peinture si saisissante qu'il a faite des préférences aveugles du roi Lear. Et puis, n'est-ce pas à l'application de ce principe d'égalité que nous devons la division de la propriété, laquelle a centuplé la puissance de la production agricole et a posé jusque dans les entrailles mêmes du sol les bases de l'ordre et de la sécurité sociale !

Nous regrettons autant que l'ingénieux et savant publiciste les vertus de l'ancienne domesticité française. Mais ce serait les payer trop cher que les reconquérir par le sacrifice des immenses bienfaits que nous signalons. Il ne faut plus songer aux serviteurs d'autrefois. Nos mœurs nouvelles en ont brisé le moule, et c'est, non de les remplacer, mais d'en amoindrir la perte qu'il s'agit dans les conditions démocratiques données de la vie sociale actuelle.

Ce n'est pas que, dans presque toutes les contrées de l'Europe, on n'ait fait d'intelligents et charitables efforts pour la réforme ou l'amélioration des domestiques. Sociétés de bienfaisance, maisons de refuge, sociétés amicales (1), bu-

(1) *En Angleterre.* — Il est même question de créer à Paris, sur le modèle de la maison qui existe à Vienne (Autriche), un établissement ayant pour objet de former gra-

reaux de placements, combinaisons financières, rémunératoires et d'encouragement, tontines, règlements de police, utopies d'institutions spéciales, projets idéologues d'éducation professionnelle agrémentée d'éducation artistique et littéraire, caisses d'épargne, sociétés de secours mutuels, rien n'a arrêté, pas même enrayé le travail de dissolution dont on se plaint. Le mal était trop profond. Il s'approfondit encore. C'est dans les mœurs qu'il est né ; c'est dans les mœurs et par elles qu'il doit se guérir. Il faut du temps !

Et quelle matière est plus du ressort des mœurs, puisque c'est de la famille et du foyer domestique qu'il s'agit ?

Le contrat de domesticité n'a-t-il pas, d'ail-

tuitement de bonnes et habiles servantes. — On apprendrait aux pensionnaires de cet établissement la couture, le racommodage, le blanchissage et le repassage du linge. Elles y recevraient en même temps une instruction élémentaire apprendraient la tenue d'un livre de compte.

leurs, un caractère à part? N'échappe-t-il pas à toute intervention directe de la loi et des règlements? Est-il possible, comme on voudrait le faire en Amérique, de tout prévoir et de limiter la portée exacte du service quand il s'agit surtout du domestique à *tout faire?* C'est donc un contrat de pure bonne foi. Son interprétation est indéterminable en présence des deux courants qui s'en disputent le sens, l'un qui tend à l'extension et l'autre à la restriction de la liberté. Quel équilibre plus difficile à maintenir puisqu'il est dans le vague! Le contrat n'est écrit que dans la modération et la sagesse des parties. Autant il faut d'indulgence à l'un, autant il faut à l'autre de bon vouloir. Et comme, en définitive, on ne saurait contraindre un serviteur à servir malgré lui comme on ne saurait davantage l'imposer au maître qui n'en veut plus, les rapports de ces deux facteurs irritables sont trop intimes et trop fréquents pour n'être pas, dans leur frottement, d'une grande fragilité au cas seul de l'indifférence, et ils ne peuvent qu'être rompus et détestés du moment où ils se discutent.

En fait d'édification physique, c'est par en bas qu'on commence. Il en est autrement en fait d'édification morale.

Aucune classe de la société n'a le monopole de la vertu. Ce que l'on peut dire, avec certains moralistes, c'est que la corruption descend et ne remonte pas. La Régence a porté ses fruits!

L'opération la plus urgente est donc de réformer les maîtres. La réforme des domestiques viendra simultanément ou plus tard. C'est, en un mot, la réforme d'en bas par la réforme d'en haut. Le précepte guide, mais l'exemple entraîne, et c'est toujours d'en haut ou du maître que vient l'exemple.

Ce qui manque partout, en France, en haut comme en bas, c'est l'*éducation*. Nul n'attache plus d'intérêt que nous à la diffusion de l'instruction à tous les degrés ; mais nous lui préférons l'éducation. Le cœur avant l'esprit ! car c'est du cœur que viennent les grandes pensées. Tout ce qui est bon, tout ce qui est vrai, tout ce qui est beau part de là. C'est l'éducation qui fait le citoyen complet : « On trouve parmi les Français, « dit Duclos, beaucoup d'instruction et peu « d'éducation. On y forme des savants, des ar- « tistes de toute espèce ; mais on ne s'est pas « encore avisé d'y former des hommes, c'est- « à-dire de les élever respectivement les uns « pour les autres, de faire porter sur une base « d'éducation générale toutes les éducations par- « ticulières, de manière qu'ils fussent accoutumés « à chercher leur avantage personnel dans le « plan du bien général (1). »

Le reproche fait ici par Duclos à la société de son temps a-t-il été entendu ? Il est permis d'en douter. L'instruction a certainement grandi chez nous depuis Duclos ; mais en a-t-il été de

_____

(1) Duclos, *Considérations sur les mœurs.*

même de l'éducation ? C'est encore plus que douteux. Le culte de la femme est le symbole de l'éducation. Or, ce culte ne s'est-il pas abaissé, si l'on en croit ce qui nous reste de la génération qui s'en va et si l'on en juge par nos habitudes modernes d'une familiarité cavalière ? Quand on écrit sur une question sociale ou sur les mœurs, ce n'est pas pour masquer la vérité si dure qu'elle soit à dire. L'écrivain moraliste doit *toute la vérité.* C'est ce que l'on appelle improprement avoir le courage de ses convictions, comme si le simple accomplissement d'un devoir de conscience pouvait jamais et en aucun cas être un acte de courage!!! Aussi n'oserions-nous pas affirmer que, parmi les nations de l'Europe, nous soyons encore celle qui soit la plus distinguée par ce côté aussi solide qu'aimable et brillant de l'humanité : l'éducation.

La femme, épouse ou mère, est la base de la famille. Plus haut on l'élèvera, plus on diminuera les occasions de sa chute ou de ses faiblesses : on ne craint jamais plus de tomber que lorsqu'on doit tomber de haut.

C'est donc vers la reconstitution de l'esprit de famille et des mœurs par l'éducation que doivent tendre nos efforts. Nous sommes de ceux qui pensent, avec un économiste distingué (1), que la famille française, malgré ses défauts et ses lacunes, a plus besoin d'être restaurée dans sa moralité que réorganisée sur des bases nouvelles par arrangements juridiques ou économiques. C'est par des causes générales transitoires et non permanentes que la famille s'est altérée. Elle pourra donc, par d'autres causes, se relever comme la société elle-même. L'essentiel est de trouver le joint par lequel se peut infuser dans la famille le nouveau fluide qui la doit régénérer moralement.

Or, il est un sentiment qu'il est plus aisé de concevoir que de définir, qu'il serait facile d'in-

______

(1) Baudrillart, *la Famille et l'Éducation.*

culquer par l'exemple aux enfants, d'autant plus facile qu'il est une saillie de l'égoïsme, une parcelle épurée de l'amour-propre. C'est une attention austère, une étude, une surveillance de soi-même et sur soi-même. C'est, si je puis ainsi m'exprimer, un sentiment de propreté morale, absolument identique à celui de la propreté physique sensible à toute tache ; c'est une honte éprouvée alors qu'on voit, qu'on entend ou qu'on fait devant les autres des actes répréhensibles attirant le mépris ou la haine. C'est surtout une crainte, mais, à la différence du respect humain, c'est non pas la crainte de ce que diront les autres, mais la crainte de ce que l'on se dira de soi-même ! C'est, enfin, un sentiment de pudeur ou de chasteté analogue à celui des femmes et que la femme seule peut inspirer à son enfant par l'exemple. La mère est d'autant plus puissante pour inculquer à son enfant un tel sentiment qu'il est, chez elle, à l'état d'instinct et d'une admirable délicatesse. C'est une fleur qui, cultivée par les soins maternels, gardera toujours, même dans la fougue de l'âge et des passions, quelque chose de son premier parfum :

> Quo semel est imbuta recens servabit odorem.
> Testa Diu. . . . . (1)

Ce sentiment, c'est le RESPECT DE SOI-MÊME !

C'est du respect envers soi-même que découle respect envers les autres et de la part des autres : car le respect est comme la vérité, il est *un*, et quand on en a pris l'habitude envers soi-même, on la contracte aisément envers les autres; et telle est la puissance lu *respect de soi-même* et des autres qu'il impose à ceux-ci la réciprocité.

Et si la religion vient seconder de son souffle de vie un tel sentiment, à quel degré de dignité véritable ne peut-il pas élever l'homme ? Ne trou-

____

(1) Horace, *Épîtres* liv. I, épitre II.

vons-nous pas l'idéal de ce *respect de soi-même* dans ce symbole touchant de tendresse et de chasteté que Raphaël et Murillo, si bien inspirés par le christianisme, ont répandu sur les traits de leurs vierges, créations ravissantes de pudicité divine d'un contraste frappant avec le rictus ironique et dédaigneux de la Vénus de Milo et de certaines autres œuvres analogues de l'art païen?

Le *Respect de soi-même* est le frein le plus fort contre les vices du commandement, contre le vice de la colère surtout. La patience, la bonté sereine sont les vertus créatrices des bons domestiques. Il n'est rien de plus contraire à ce résultat que l'emportement qui abaisse et dégrade le maître aux yeux de son domestique. Ce dernier gagne en influence sur l'autre tout ce que celui-ci a perdu en estime et en considération. Les rôles s'intervertissent : c'est le domestique qui sera désormais le véritable et seul maître dans la maison. Montaigne, après Sénèque, en a fait le sujet des plus saines appréciations (1).

C'est de ce respect-là dont étaient imbus les hommes illustres dont l'histoire a consacré les grandes vertus domestiques, le caractère plein de patience et de bonté : Descartes, Louis XIV, Bayard, Turenne, d'Aguesseau, Montesquieu.

Descartes était adoré de ses domestiques. « Sa maison, dit son biographe Baillet, était « une école de vertu et de doctrine pour ses « *domestiques*, et le maitre, non content de les « rendre savants et gens de bien, se chargeait « encore de leur fortune et de leur procurer « de bons établissements. C'est pourquoi il y « avait toujours beaucoup d'empressement à se « mettre à son service, et nous voyons que, lors« qu'il était en Hollande, on allait à Paris im« plorer le crédit du père Mersenne pour obtenir « une place parmi ses valets comme une con-

(1) Montaigne, *De la colère* (*Essais*), l. II, chap. XXXI.

« dition fort heureuse. Il les traitait avec une in-
« dulgence et une douceur qui les assujettis-
« saient par amour. »

Louis XIV qui, dans son enfance, avait montré un caractère entier, irascible, avait acquis
au plus haut degré le respect de lui-même et
le sentiment de sa dignité personnelle. — Il se net-
toyait, un soir, les pieds : un valet de chambre
qui tenait la bougie lui laissa tomber sur le
pied de la cire toute brûlante : — « Vous
« auriez aussi bien fait de la laisser tomber à
« terre ! » lui dit le roi. — Un autre lui ayant
apporté, en hiver, une chemise toute froide :
« Vous me la donnerez brûlante à la canicule ! »
lui dit-il en riant. — Un portier du parc de Ver-
sailles qui avait été averti que le prince devait
sortir par la porte qu'il gardait ne s'y trouva
pas et se fit longtemps chercher. Il vint tout
en courant ; c'était à qui l'accablerait d'injures :
« Pourquoi le grondez-vous ? » dit le monarque avec bonté, « croyez-vous qu'il ne soit

« pas assez affligé de m'avoir fait attendre ? »

Turenne et Bayard aimaient leurs domestiques autant qu'ils en étaient chéris ; et que de témoignages d'affection ces grands hommes donnèrent à leurs gens ! Voici un trait des plus touchants entre tous :

Louvois avait la faveur du roi, mais il redoutait l'influence de Condé et de Turenne dont il était envieux. Colbert faisait partie du ministère Louvois, mais il avait conservé ses bonnes relations avec les deux grands capitaines.

Colbert apporta un jour à Turenne le brevet d'une commission qu'un des gens de ce dernier était allé lui demander de la part de son maître sans en avoir de recommandation par écrit et sans même l'en avoir informé. Tout autre que Turenne eût été blessé par deux raisons : la première, parce qu'il s'était servi faussement de son nom ; la seconde, parce qu'il ne pouvait solliciter cette commission sans avoir le dessein de quitter son service.

Turenne dissimulant tout cela en présence de Colbert ne songea qu'à le remercier de son obligeance et il reçut le brevet de ses mains comme s'il l'eût véritablement demandé lui-même. Il le garda jusqu'au soir sans rien dire, et ayant fait venir l'homme pour qui il était, il lui demanda pourquoi il le voulait quitter et s'il croyait trouver un meilleur maître. Celui-ci se trouva surpris et voulait dissimuler ; mais Turenne lui ayant dit que M. Colbert lui avait tout rapporté, le domestique se jeta à ses pieds croyant être perdu. Le vicomte le fit relever aussitôt, et, pour le tirer de sa confusion, lui donnant le brevet :

— « Va-t'en, mon ami, lui dit-il, puisque tu ne « veux plus être à mon service ; voilà ce que « tu as demandé à M. Colbert de ma part ! Si « tu m'y avais employé, je t'y aurais servi de « même. Je ne suis fâché que d'une chose, c'est « que tu me quittes s'en m'en avoir dit le sujet. »

Le domestique touché, comme ceux qui étaient présents, d'une si grande bonté, tomba aux pieds de Turenne et, lorsqu'il lui eût dit tout ce qu'il pût pour s'excuser en ajoutant que c'était parce qu'il était chargé de famille, Turenne lui donna vingt pistoles outre ses gages qu'il avait ordonné qu'on lui payât (1).

Contrairement à ses habitudes, Montesquieu s'était, un jour, emporté vivement contre un de ses domestiques. Un de ses amis survint. Il rougit de cette situation ; mais il s'en tira fort heureusement par ces mots prononcés en riant : « Ces gens-là sont comme des horloges ! Il faut « de temps en temps les remonter ! »

Le chancelier d'Aguesseau était également aimé de ses domestiques, et tandis que Achille de Harlay poussait à l'excès, vis-à-vis de ses serviteurs comme des autres, le cérémonial et la dignité, d'Aguesseau était dans les justes bornes d'une tenue sans reproches, également éloignée de la raideur et de la familiarité, et,

(1) *Vie de Turenne*, par M. Du Buisson.

jusque dans sa retraite bien-aimée de Fresnes, il portait une dignité pleine de charme qui lui conciliait à la fois le respect et l'affection de son entourage.

L'un des hommes les mieux élevés de l'Angleterre, au siècle dernier, membre du parlement anglais, celui que, à raison de son élégance et de sa parfaite urbanité, on appela *le plus Français des Anglais de son temps*, lord Chesterfield, qui fut, en même temps, un éminent moraliste et dont la devise était : *Suaviter in modo, fortiter in re*, disait, dans une des lettres si remarquables qu'il écrivait à son fils, lord Stanhope : — « Si vous donnez vos ordres « seulement *fortiter*, c'est-à-dire brutalement, « on les interprétera plutôt, comme dit Tacite, « qu'on ne les exécutera. Pour moi, si je com- « mandais à mon laquais d'une façon rude et « insultante de m'apporter un verre de vin, j'ap- « préhenderais qu'en m'obéissant il ne fît en « sorte d'en renverser sur moi une partie, et je

« le mériterais assurément. Une résolution froide
« et bien prise doit montrer que, lorsque vous
« avez droit de commander, vous voulez être
« obéi ; mais en même temps la façon douce et.
« polie d'exiger cette obéissance en fera presque
« un plaisir et adoucira, autant qu'il est possible,
« le sentiment mortifiant de l'infériorité (1). »

Mais comme tous ces préceptes et tous ces
exemples sont relevés et sanctifiés par ces ac-
cents de Fénelon parlant des domestiques : —
« Ce sont nos frères en Jésus-Christ ; ne crai-
« gnez pas de leur parler assez souvent avec
« affection et sans hauteur sur leurs besoins.
« Qu'ils soient assurés de trouver du conseil et
« de la compassion. Ne les reprenez point ai-
« grement de leurs fautes : n'en paraissez ni
« surpris ni rebutés, tant que vous espérerez
« qu'ils ne sont point incorrigibles. Faites-leur
« entendre doucement raison et souffrez souvent

(1) *Lettres* de Lord Chesterfield, tome II, lettre 213, p. 114.

« d'eux pour le service, afin d'être en état de
« les convaincre de sang-froid que c'est sans
« chagrin et sans impatience que vous leur par-
« lez, bien moins pour votre service que pour
« leur intérêt. Faites entendre que, les maîtres
« qui sont mieux élevés que leurs valets étant
« pleins de défauts, il ne faut pas s'attendre que
« les valets n'en aient point, eux qui ont manqué
« d'instruction et de bons exemples ; que les
« hommes ne sont point faits pour être servis ;
« que c'est une erreur brutale de croire qu'il y
« ait des hommes nés pour flatter la paresse et
« l'orgueil des autres ; que le service étant éta-
« bli contre l'égalité naturelle des hommes il
« faut l'adoucir autant qu'on le peut (1). »

Voilà le *Respect de soi-même* épuré par la
charité ! Est-il au monde un plus noble sentiment ? S'il a pu se produire avec tant de bonheur en des temps et sous des régimes sociaux

(1) Fénelon, *Traité de l'Éducation des filles*, chap. XII, DES
DEVOIRS DES FEMMES.

différents des nòtres, n'est-il pas plus indispensable aujourd'hui que jamais?

La lutte, en effet, est le caractère des sociétés modernes. Les âmes doivent donc s'y préparer. Nos temps actuels sont des temps d'épreuve, et les démocraties ne sont pas des gouvernements de tendresse. On ne s'y passe rien. Chacun doit y payer de sa personne. Chaque citoyen, comme on l'a fort bien dit, y marche armé de son droit comme d'un fusil (1). Plût à Dieu qu'il y marchât également esclave de ses devoirs, dont la *revendication* est aujourd'hui malheureusement trop peu commune !

Il ne faut que voir les luttes électorales à l'époque où nous vivons pour sentir et déplorer le danger de la pente qui conduit à l'abaissement des caractères par une compromettante sollicitation des suffrages, mortelle au respect de soi-même.

(1) M. Ernest Legouvé (*Conférences du boulevard des Capucines de* 1869).

Il faut que le mérite soit aussi clair que la lumière du jour pour être accepté sous la démocratie travaillée par l'envie des supériorités. Autres temps, autres mœurs ; quelque grande qu'eût été jadis la familiarité du maître avec son domestique, jamais elle n'eût entamé le respect de ce dernier envers son maître ; au contraire, parfois en était-il plus respectueux encore, tant le domestique avait jadis la conviction de son infériorité ! Mais c'est d'une conviction différente dont le domestique actuel est pénétré, ce qui le porte à oublier constamment la distance qui le sépare de son maître.

C'est ce sentiment de son infériorité vis-à-vis de son maître, d'où naît le respect, qui fait surtout le serviteur vraiment dévoué.

La démonstration de cette vérité ressort d'une manière bien saisissante du chef-d'œuvre de Daniel de Foë : — Robinson aperçoit un jour dans son île des cannibales en poursuivant un autre pour le dévorer. Ému de pitié pour ce dernier, Robinson, armé de son fusil, fait feu sur les poursuivants et arrache Vendredi à une mort certaine. Celui-ci tombe aussitôt aux pieds de son sauveur qu'il considère comme une sorte de dieu, et il pousse l'adoration pour lui jusqu'à l'idolâtrie. — Sans doute, le sentiment de la reconnaissance perçait ici. Mais ce qui surtout dominait, c'était, de la part de Vendredi, le sentiment d'une immense infériorité vis-à-vis de l'homme civilisé, car l'esprit de ce sauvage avait été frappé, atterré, foudroyé même, pour ainsi dire, par la puissance de l'arme à feu ; et comme, ne l'ayant pas vu charger, il ne pouvait s'en rendre compte, il croyait tout simplement que Robinson avait dérobé le feu du ciel, et il le tenait dès lors pour un être supérieur et même surnaturel. Or, c'est ce sentiment chez Vendredi qui, lorsque Robinson eut ensuite la pensée d'en faire son domestique en l'attachant à sa personne, en fit le type accompli du serviteur parfait toujours prêt à se dévouer pour son maître.

Si ce sentiment, qui a été celui de tous les vieux serviteurs dévoués du temps passé, a existé si fort autrefois chez nous, cela tenait aux mœurs comme à la constitution politique de la nation. Les deux écoles ancienne et moderne de domestiques, l'école *admirative* ou *sentimentale* et l'école *critique* répondent à deux époques bien tranchées de notre histoire, dont la ligne de démarcation est la Révolution française. En effet, avant cette Révolution, la nation vivait depuis des siècles sous une constitution aristocratique, et ce n'est que 89 qui a été le point de départ pratique de l'évolution vers la démocratie. — Or, dans une société aristocratique, il existe deux classes distinctes, celle des maîtres et celle des serviteurs, dont chacune considère sa situation comme toute naturelle. Tant que l'esprit d'examen philosophique n'a pas sapé les bases de cet ordre de choses, chacune des deux classes gravite dans sa sphère ou son orbite sans chercher à en sortir et sans même se demander s'il en pourrait ou devrait être autrement. C'est, comme le dit si bien M. de Tocqueville (1), *un ordre fixe qui ne change pas*. Et dès lors, l'inégalité permanente politique et civile des conditions, sur laquelle est fondé cet ordre social, résultant de la force même des choses établies imprime à la classe des serviteurs le sentiment de son infériorité vis-à-vis de la classe des maîtres, d'où le respect de toute une classe envers une autre classe.

Au contraire, dans les sociétés démocratiques, l'inégalité permanente des conditions disparaît pour faire place à une égalité qui supprime toute distinction en classes tranchées e⁴ ne met plus en face les uns des autres que des citoyens dont aucun n'est inférieur ou supérieur à un autre. Il y a bien encore sans doute des maîtres et des serviteurs ; mais les rapports entre ces deux parties sont profondément modifiés. Il n'y a plus ici, comme autrefois, un être inférieur sociale-

(1) *De la démocratie en Amérique*, t. II, p. 199.]

ment parlant qui en sert un autre. Il y a en présence deux êtres égaux traitant pour un travail donné d'après les rapports naturels entre l'offre et la demande, qu'un accord *momentané* et libre de deux volontés a rapprochés en vue d'un service domestique, et dont, de par l'exécution d'un contrat de bonne foi, l'un doit commander et l'autre obéir !

Seulement, dans les sociétés démocratiques dont l'éducation n'a pas encore atteint un complet développement comme chez nous, il se produit l'erreur que nous avons signalée avec Montesquieu, c'est-à-dire l'excès du principe d'égalité qui amène une rupture d'équilibre dans les forces sociales de la nation et cause les plus grands désordres. C'est précisément ce sentiment exagéré de l'égalité chez le domestique que Jules Barni appelle si judicieusement *une fâcheuse interprétation des principes de la démocratie,* et que M. de Tocqueville avait, avant lui, si bien défini en ces termes :

« L'image confuse et incomplète de l'égalité
« se présente à l'esprit des serviteurs ; ils ne
« discernent point d'abord si c'est dans l'état
« même de domesticité ou en dehors que cette
« égalité à laquelle ils ont droit se retrouve, et
« ils se révoltent au fond de leur cœur contre
« une infériorité à laquelle ils se sont soumis
« eux-mêmes et dont ils profitent. Ils consentent
« à servir, et ils ont honte d'obéir. Ils aiment
« les avantages de la servitude, mais point le
« maître, ou, pour mieux dire, ils ne sont pas
« sûrs que ce ne soit pas à eux à être les maîtres,
« et ils sont disposés à considérer celui qui les
« commande comme l'injuste usurpateur de leur
« droit. Un pareil état n'est pas démocratique,
« mais révolutionnaire (1). »

Est-ce à dire maintenant que le sentiment de
l'infériorité chez le serviteur soit absolument
incompatible avec l'état démocratique, et que sa
fâcheuse interprétation des principes de la dé-

(1) *De la démocratie en Amérique*, t. II, p. 208.

mocratie ne puisse être jamais redressée? Ce serait une grave erreur, ainsi que le fait encore remarquer M. de Tocqueville : « Il serait insensé « de croire, dit-il, qu'il pût jamais naitre dans les « sociétés démocratiques entre le serviteur et le « maître aucune de ces affections ardentes et « profondes qui s'allument quelquefois au sein « de la domesticité aristocratique, ni qu'on dût « y voir apparaitre des exemples éclatants de « dévouement (1). »

En effet, de ce que ce sentiment ne peut plus désormais, avec les mœurs démocratiques, exister d'une manière générale dans la classe des serviteurs, il ne s'ensuit pas qu'il ne puisse exister dans certains cas par l'effet de quelque cause différente de celles qui le produisaient autrefois : quelle est cette cause? Ce ne peut être chez le maître qu'une tenue irréprochable, fruit d'une éducation parfaite, qui impose par sa

(1) *De la démocratie en Amérique*, t. I:, p. 205.

supériorité même la déférence au serviteur : car les lois sociales établissant l'égalité, bien que fondées en raison, demeurent sans pouvoir devant la *supériorité* DE FAIT que donne la bienséance des manières et une certaine connaissance des choses et des usages du monde : c'est toujours le *Respect de soi-même* sans la moindre défaillance qui finit par pénétrer le domestique de la conviction d'une supériorité de valeur morale chez son maître; et comme nos domestiques sont de maîtres observateurs auxquels rien n'échappe et qui ne laissent rien tomber de nos travers et de nos faiblesses, parce qu'ils épient constamment nos passions, entrent à toute heure dans le secret de nos délicatesses et de nos goûts, et dressent, enfin, si facilement le bilan de notre cœur, de telle sorte que, si nous pouvons les corrompre, nous ne saurions jamais les tromper, et qu'on a dit encore avec raison : « Il n'est point de héros pour son valet de « chambre! » Ce n'est alors que par sa tenue, sa réserve, une politesse froide que le maître peut conjurer l'oubli que le domestique fait de la distance qui le sépare de lui en n'oubliant jamais lui-même que son rang et son éducation obligent !

Il faut donc que le respect de soi-même soit de forte constitution pour y tenir. C'est à la mère à l'inculquer à ses enfants, et les femmes de nos jours sont-elles pénétrées de cette haute mission ? Car ce n'est peut-être pas sans raison qu'un savant moraliste a dit récemment que « ce « qui manque le plus à nos Françaises, ce sont « des mères ».

On ne saurait croire ce que l'enfant, dès son plus jeune âge, absorbe d'idées par l'exemple. Il en est saisi et enveloppé tout entier. Mme de Rémusat (1), et Mme Necker de Saussure (2) comme Mme Guizot (3), nous ont paru d'accord sur ce point

(1) *Essai sur l'éducation des femmes.*
(2) *De l'éducation progressive.*
(3) *Lettres de famille.*

que l'imitation est pour l'enfant un efficace moyen de développement.

Or, la famille est moins nombreuse que jadis. Elle se réduit à peu d'enfants, souvent à un seul. L'enfant alors est le dieu du `ver. C'est vers lui que convergent toutes les attentions, toutes les préoccupations de la maison. Les domestiques et les grands parents rampent à ses pieds. Pas un des fournisseurs de la maison qui ne s'en fasse bien venir, et tout visiteur ou tout ami de la famille se précipite pour lui rendre hommage et lui faire de ses bras un piédestal. Il est adulé, encensé, servi par tant d'esclaves qu'il en arrive à les prendre en mépris. Il est trop inondé des respects des autres pour en avoir un de soi-même et conséquemment de tous autres.

C'est autant et plus pour plaire à la mère qu'à l'enfant lui-même que ces adulations se pratiquent. C'est une faiblesse qu'elle partage avec le père ou qu'elle lui fait subir. C'est donc de l'éducation nouvelle de la femme qu'il faut attendre un autre ordre de choses.

L'éducation, en effet, c'est la formation ; Montaigne a dit : *l'institution morale de l'homme*. Et puis, il est un adage plein de vérité comme tous ceux qui deviennent populaires, c'est que *l'habitude est une seconde nature*. Oui, l'éducation est toute-puissante sur le cœur. Elle en arrache l'égoïsme, elle y ramène la bienveillance, elle y tempère la vanité, la colère, l'envie, toutes les passions brûlantes, à plus forte raison l'impatience qui n'est qu'un simple accès de vivacité, de facile composition avec l'étude habituelle de soi-même qui l'anéantirait complètement. Et de même que la bonté s'apprend, la patience et la douceur qui n'en sont que les émanations s'apprennent, dans les cœurs chrétiens surtout, le christianisme en étant la suprême personnification.

Ce qui nuit au développement des qualités du cœur, en France, c'est l'adoration qu'on a pour l'esprit, l'esprit frondeur, critique, l'esprit de conversation, l'esprit de salon que l'étranger nous envie tant. On exalte l'homme d'esprit, on oublie l'homme de cœur; et c'est ainsi que la forme l'emporte sur le fond, le brillant sur le solide, et que Figaro fait oublier Alceste ou Chrysale. Ce dont on s'est trop préoccupé dans les régions du pouvoir, en fait d'enseignement public, c'est de faire des hommes d'esprit et des savants, pas assez de faire des hommes de cœur et des citoyens. Et pourtant, ne faut-il pas faire des mœurs avant de faire des lois? Car que sont les lois sans les mœurs? des toiles d'araignée! C'est par le cœur et non par l'esprit qu'on les fait, et comme les mœurs de la société ne sont que celles des individus réunies, c'est donc par former le cœur de l'individu qu'il faut commencer, en décrétant le plan d'*éducation nationale* indiqué par Duclos, et dans lequel, de toutes les vertus, la patience étant classée la première, y serait démontrée, encouragée, rémunérée par des couronnes dignes d'elle et de la France, y serait glorifiée, divinisée par les exemples, les maximes, tous les enseignements enfin de la religion, si féconde en martyrs, de l'histoire, si féconde en héros, et des beaux-arts, si puissants sur les âmes par la saisissante reproduction des nobles traits de patience et de l'idée de sacrifice et de dévouement. Or, pour changer les hommes ou les femmes, c'est par les enfants qu'il faut commencer, et cela ne se fait pas en un jour !

Nous venons d'indiquer le remède applicable aux maîtres. Il peut être, concurremment avec d'autres, applicable aux domestiques.

L'ignorance est le fléau dont il est urgent de purger les classes de la société où se recrute le domestique. Mais l'éducation n'est pas moins urgente aussi. L'école de la *Morale indépendante*, celle du *Positivisme*, celle, enfin, des *Utilitaires* auront beau faire, elles ne feront jamais que la Religion ne soit le phare suprême qui guide l'homme à travers les écueils d'une vie que la désespérante sécheresse du *Scepticisme* ou du *Matérialisme* rendrait cent fois pire que la mort.

M. de Tocqueville, qui a si bien étudié et connu la Démocratie et qui nous la fait aimer, reconnait et proclame la nécessité de la Religion au sein de la démocratie : — *C'est*, dit-il, LA SEULE *règle morale qui puisse lui apprendre à se gouverner* (1) !

« La religion, ajoute-t-il, qui, chez les Améri-
« cains, ne se mêle jamais directement au gou-
« vernement de la société, doit donc être consi-
« dérée comme la première de leurs institutions
« politiques; car si elle ne leur donne pas le goût
« de la liberté, elle leur en facilite singulièrement
« l'usage (2). — Quand certains esprits, dit-il
« encore, attaquent les croyances religieuses, ils
« suivent leurs passions et non leurs intérêts.

____

(1) *De la démocratie en Amérique*, t. II, p. 208 à 222; t. III, p. 33 à 47.

(2) *De la démocratie en Amérique*, t. I, p. 351.

« C'est le despotisme qui peut se passer de la
« foi, mais non la liberté. La religion est
« beaucoup plus nécessaire dans la république
« qu'ils préconisent que dans la monarchie qu'ils
« attaquent, et dans les républiques démocra-
« tiques que dans toutes les autres. Comment
« la société pourrait-elle manquer de périr si,
« tandis que le lien politique se relâche, le lien
« moral ne se resserrait pas? Et que faire d'un
« peuple maître de lui-même, s'il n'est pas sou-
« mis à Dieu (1)? »

En effet, le régime démocratique est le régime de la revendication des droits. Mais il ne
suffit pas de *revendiquer* des droits; il faut
auparavant invoquer les devoirs. Car Droit et
Devoir sont corrélatifs. Or, ce n'est pas le Droit
qui crée le Devoir, c'est le Devoir qui crée le
Droit. Donc le devoir est la base de la démocratie,
et le devoir est révélé par l'éducation et a, dès

---

(1) *De la démocratie en Amérique*, t. I, p. 356, 357.

lors, son principe, son encouragement et ses plus pures jouissances dans le sentiment religieux.

Le problème social dont nous poursuivons la solution se résume, en ce qui concerne le domestique, dans les deux propositions suivantes :

1° Faire le domestique moralement meilleur qu'il n'est par une éducation appropriée à sa condition en façonnant la matière prèmière de celui-ci, c'est-à-dire les individus de la classe dans laquelle il peut le mieux se recruter, par une sorte d'apprentissage, d'un caractère à la fois technique et moral, qui inspire ou détermine sa vocation.

2° Une fois ainsi préparé et formé, le rattacher à sa condition en la lui faisant chérir. Car le principal tort du domestique actuel, c'est de ne pas considérer sa profession comme un but et comme une carrière définitive, mais, au contraire, comme un pis-aller, comme une sorte d'épreuve momentanée infligée par la destinée, comme une transition et un acheminement vers toute autre situation, soi-disant indépendante, qui lui paraît préférable, comme l'attente, enfin, de la liberté, du mariage, de la propriété et de la famille!!

Mais quelle sera, d'abord, la pépinière de nos serviteurs? Le recrutement actuel de la domesticité a sa principale source dans la campagne. — Il se fait par les nourrices qui, appelées à la ville pour nourrir des enfants, finissent par s'y fixer, et par l'émigration vers la ville des enfants des nombreuses familles de cultivateurs qui poursuivent le rêve d'une condition leur assurant le logement et la nourriture. Mais ce sont là des éléments dont la rareté augmente tous les jours, ainsi que nous l'avons indiqué déjà.

Ici se présente naturellement à l'esprit une question qui, depuis longtemps, fait le désespoir des budgets départementaux et que la législature a vainement tenté d'aborder, tant cette

question est ardue! C'est celle des enfants
assistés, qui nous paraît être, à raison de son
importance générale, comme le service des prisons, moins une affaire départementale qu'une
affaire de l'État! Il y aurait un élément sérieux
de domesticité dans cette intéressante partie de
la population qui, déshéritée des biens et des
douceurs de la famille et réduite à l'isolement
dans le monde, semble véritablement prédes-
tinée à la profession de domestique. La Justice
criminelle a trop à démêler avec les enfants assistés pour que l'État, dont le devoir est de prévenir plus tôt que de réprimer les délits et les
crimes, n'ait pas à intervenir et même à prendre
l'initiative dans la conception et la mise en pratique des projets d'amélioration de ces êtres
infortunés qui, à l'âge de douze ans, échappant aux soins directs des administrations hos-
pitalières, sont livrés en apprentissage à des
patrons mercenaires et parfois insuffisamment
attentifs à leurs élèves. Ces enfants qu'on a en-

core le tort grave d'envoyer en nourrissage loin-
tain à la campagne et qu'on abandonne également
plus tard à l'aventure, au hasard, aux soins
tout à fait nuls de familles de paysans, ignorantes
et grossières, et qui, grâce à cette absence d'éducation, deviennent comme des parias de la société et grossissent le nombre des criminels,
ces enfants trouveraient, dans la domesticité
bien comprise et bien enseignée surtout, des
chances probables de familles adoptives qui les
consoleraient de la perte de leurs familles natu-
relles et deviendraient pour eux comme un foyer
et un refuge protecteur de leur avenir ainsi as-
suré. — Ce serait donc là un moyen d'atténuer, en
y comprenant les enfants orphelins et abandonnés
ou privés de proches parents qui veuillent ou puis-
sent se charger d'eux, la rareté de la matière
première dont nous avons parlé, et l'État, les
départements et les particuliers trouveraient intérêt et satisfaction dans des institutions professionnelles destinées à former de bons serviteurs

dans les limites, bien entendu, du respect des vocations et de la liberté.

Quelles sont maintenant ces institutions dont la mission serait de former, par les principes d'une saine et solide éducation, le cœur des aspirants à la profession de domestique?

Car ce n'est pas, qu'on y prenne garde, à coups de lois et de décrets et moins encore au moyen de programmes généraux formulés d'avance que les questions sociales peuvent être résolues. — Comme elles touchent essentiellement aux difficultés inhérentes à la nature morale de l'homme façonnée ou plutôt faussée par certains préjugés sociaux ou certaines habitudes sociales invétérés dont il faudrait enrayer le courant, elles ne sauraient trouver de chances de solution que dans des institutions visant à la réforme des mœurs, non pas brusquement et de prime-saut, mais au contraire par l'action lente et successive de l'éducation.

Sans doute, le meilleur professeur d'édu-

cation pour le domestique, c'est encore le bon maître qui sait lui inspirer l'amour de son état, base de toute vocation, en ne le considérant pas comme un simple mercenaire, mais en le traitant, au contraire, comme un ami déshérité de la fortune qu'il veut associer à son bonheur domestique, comme un membre même de sa famille et en le relevant par le conseil et par l'affection. « Je voudrais, dit Jules Barni, — peut-
« être allez-vous me trouver bien exigeant, mais
« ce n'est pas moi, c'est la vertu qui parle, —
« je voudrais que, dès qu'on admet une per-
« sonne étrangère sous son toit, on la traitât
« comme étant de la maison, qu'on lui donnât
« un logement et une nourriture convenables,
« ce qui n'a pas toujours lieu ; qu'on lui laissât
« toute la liberté compatible avec les besoins du
« service et les bonnes mœurs ; qu'on l'entourât
« de bons conseils ; qu'on cherchât même à
« l'instruire et à lui assurer un meilleur sort ! ! ! »
Mais, comme les maîtres et maîtresses de mai-

son qui ont le loisir et la volonté d'exercer cette action éducative sur leurs serviteurs sont la très rare exception, il faut bien suppléer à ce qui manque aux autres par des institutions spéciales.

Car ce n'est certes pas la question la moins importante du sujet qui nous occupe que cette éducation du domestique. On ne saurait croire à quel point le contact quotidien de serviteurs vicieux peut être funeste aux enfants et combien de germes de corruption peuvent être ainsi apportés dans le sein des familles. — Est-ce que les domestiques ne sont pas, par la force même des choses, les instituteurs de la première enfance, et n'est-ce pas d'eux que celle-ci reçoit les leçons qui pénètrent jusqu'au fond de son âme si impressionnable? — La fréquentation de la cuisine notamment, qu'il est bien difficile d'interdire aux enfants, est une déplorable école qui a contaminé et perdu plus d'une âme innocente.—Ce que les enfants apprennent dans ce milieu de la domesticité, lorsqu'on n'y prend pas garde, est vraiment affligeant. Nous avons connu une famille, dont les enfants, peu surveillés de leurs parents et complètement livrés au frottement d'une nombreuse domesticité, ne revenaient jamais au salon sans avoir à la bouche, au grand désespoir des parents, les termes les plus accentués du vocabulaire de la dépravation. — Du reste, un procès célèbre et qui, il y a une vingtaine d'années, a profondément ému l'opinion publique, a bien montré quels ravages peuvent causer dans une famille les leçons d'une domesticité corrompue. C'est l'affaire dans laquelle les enfants d'un fonctionnaire important du gouvernement impérial, M. H... de S¹-A...., furent, en l'absence de celui-ci, de la part des domestiques préposés à leur garde, la proie involontairement docile de la plus criminelle débauche. — Et que dire, enfin, de cet autre procès plus récent et non moins célèbre des *scandales de Bordeaux*, dans lequel on a vu également deux domestiques, se faisant professeurs de corruption des enfants de leur maître, se complaire à les livrer journellement à des libertins de la plus haute volée, qui en ont fait les victimes de la plus odieuse lubricité et que la justice a eu le bonheur de pouvoir atteindre et frapper en même temps que les entremetteurs?

Or, il est une institution qui nous paraît merveilleusement propre à résoudre le problème de de cette éducation professionnelle du domestique : c'est l'institution des crèches qui, fondée, en 1844, par Firmin Marbeau, pour assurer ce qu'un grand législateur a appelé l'*Éducation des langes*, tend à se développer de plus en plus. — Le principe de cette application des crèches à nos idées d'éducation professionnelle des domestiques a été admirablement formulé en ces termes, le 4 septembre 1880, au congrès international de Milan, par M. de Malarce, chargé par le gouvernement d'apporter à ce congrès une collection de documents statistiques et dé-

légué de la société des institutions de prévoyance et de la société des crèches :

« Dans les classes ouvrières, en général, dit
« cet éminent économiste, les mères ne savent
« pas élever leurs enfants; elles n'ont appris
« nulle part, si ce n'est auprès de quelques voi-
« sines, souvent pauvres matrones à préjugés
« funestes, elles n'ont pas appris cette *profession
« de mère* qui devrait être pour toute femme,
« même dans les classes supérieures de la so-
« ciété, l'un des principaux objets de l'éducation
« de la femme. La crèche peut être et doit deve-
« nir *l'école professionnelle* des mères, *l'école
« maternelle.*

« La directrice d'une crèche, par l'expérience
« constante au milieu de tant d'enfants, et par
« les conseils quotidiens des médecins visiteurs,
« acquiert une véritable connaissance de l'art
« d'élever et de soigner les enfants; elle peut
« donner familièrement aux mères des directions
« précises et excellentes, afin que ces braves

« femmes, chez elles, la nuit et les jours de
« repos, sachent comment traiter l'enfant. Ces
« notions se répandent ainsi dans les familles
« ouvrières par les mères des enfants des crè-
« ches qui propagent leur savoir dans le voisi-
« nage. Et l'on peut ajouter, encore par expé-
« rience de ce qui se passe dans les crèches bien
« tenues, que les dames patronnesses qui visitent
« régulièrement les crèches, en profitent aussi
« pour elles-mêmes et apprennent leur métier
« de bonne mère, l'art de soigner le corps et de
« former le caractère du jeune enfant.

« Et pourquoi les crèches ne seraient-elles pas
« des *écoles normales* pour les servantes desti-
« nées à soigner les enfants dans les familles ?
« Considérez que l'enfant, cette idole de la fa-
« mille qu'on couvre de caresses et paré de riches
« oripeaux, et qui sera un jour l'orgueil ou le
« malheur de la maison, ce cher enfant, dont les
« premières impressions peuvent affecter l'esprit
« et le corps pour toujours, on l'abandonne à

« des nourrices stupides, à des bonnes igno-
« rantes, à des servantes ineptes. Pourquoi les
« crèches ne recevraient-elles pas comme gar-
« diennes apprenties des jeunes filles destinées
« à soigner les enfants, comme cela se fait en
« Allemagne dans un grand nombre d'institutions
« spéciales, notamment à la *Louisen-stiftung*
« de Berlin depuis 1811, et en Angleterre dans
« les nombreuses écoles de *nurses* et de *gover-*
« *nesses?* »

Et ces idées de M. de Malarce, exposées déjà
par lui dans un remarquable discours à la Sor-
bonne, n'ont pas été sans influence à l'étranger!
Leur organisation pratique chez nous assurerait
donc, d'une manière satisfaisante, le recrutement
des servantes, en offrant aux familles d'incon-
testables garanties de moralité dans le choix des
sujets qu'elles introduisent dans leur sein pour
leur confier leurs plus chers intérêts!

Et maintenant, ces éléments de domesticité
ainsi préparés et façonnés par une éducation

spéciale, il s'agit de leur donner la fixité qui leur manque dans nos mœurs actuelles, et, puisqu'il ne faut plus compter sur le côté sentimental de la domesticité ancienne, il faut bien alors faire appel aux deux plus immuables ressorts de l'âme humaine : l'Intérèt et l'Amour-propre.

L'Intérèt! attacher le domestique à sa condition par l'espoir d'une augmentation progressive de ses gages, calculée sur la durée du service dans la mème maison. C'est le principe indiqué par Jean-Jacques Rousseau (1). Il est susceptible de combinaisons avantageuses. L'intérêt composé des augmentations progressives des salaires et du montant des salaires eux-mèmes ne pourrait-il, bien administré qu'il fût, aboutir au mème résultat que celui de la retenue des traitements pour le fonctionnaire?

Il n'est pas de classe de la société dans laquelle le jeu des loteries ait eu plus de partisans

____

(1) J.-J. Rousseau, *Nouvelle Héloïse*, 4ᵉ partie, lettre X.

et plus de victimes autrefois que celle des domestiques. Les maîtres ne sauraient-ils donc s'imposer d'une cotisation proportionnelle à l'importance et au nombre de leurs domestiques en vue de la formation, par commune, d'un fonds social de loterie, destiné à récompenser les domestiques par l'attribution de billets basée sur le nombre des années de service dans la même maison à partir d'un minimum de service?—Mais ce qu'il y aurait, à coup sûr, de mieux, selon nous, ce serait la constitution des maîtres en une société destinée à assurer la fondation et le fonctionnement d'une caisse de retraite pour les vieux et bons domestiques, et, ce que l'on ne saurait demander à l'intervention de l'État, l'initiative privée le ferait. Au moyen de souscriptions volontaires, on pourrait constituer le capital nécessaire pour assurer le service de pensions aux vieux serviteurs qui, ne pouvant plus travailler, réuniraient les conditions prévues par des statuts, et il est bien peu de maîtres en France qui, soucieux de leur sécurité domestique, refuseraient leur obole à cette œuvre qui pourrait être riche immédiatement. Car ne serait-il pas juste qu'un bon serviteur qui, toute sa vie, aura bien servi pût avoir, sur ses vieux jours, une retraite assurée comme le fonctionnaire? Et l'espoir de cette retraite assurée, après vingt ans de service, par exemple, n'encouragerait-il pas le domestique à se bien conduire et à mériter d'être inscrit au grand-livre de la société?

L'Amour-propre, ou plutôt l'Honneur! attacher le domestique au maître par l'espoir d'une distinction quelconque en récompense de la *durée* de ses services et de sa fidélité. N'y a-t-il pas de quoi gémir quand on voit, dans certaines solennités agricoles, décerner une prime de cent francs pour un bœuf ou un cheval et donner une prime de quarante ou cinquante francs pour un vieux et bon domestique? Que diraient les princes de l'art agricole, Columelle, Varron, Olivier de Serres, eux qui faisaient un si grand cas de l'impayable valeur du domestique? C'est d'une bien autre façon que, dès 1810, la Société d'agriculture de Toulouse comprenait le secret d'honorer et récompenser le mérite par l'institution de quatre médailles pour les quatre valets de charrue qui, pendant dix ans, n'avaient donné lieu à aucune plainte de la part de leurs maîtres.

Est-il, en effet, un peuple plus sensible que le peuple français au sentiment de l'honneur? N'est-ce pas le fond de son caractère, le plus puissant ressort des arts et des gloires de la paix comme il le fut toujours des héroïques efforts heureux ou malheureux de la guerre?

Que les maîtres, comprenant donc leur propre intérêt, sachent s'entendre pour instituer, sous l'aile et avec le concours du gouvernement, un ordre de titres et de distinctions honorifiques dont le besoin ne se sera jamais mieux fait sentir, et la réalisation n'aura jamais été mieux accueillie!

Voilà les grandes voies par lesquelles on peut

atteindre l'idéal relatif d'une bonne domesticité chez nous ! Toujours question de temps ! Elle ne peut pourtant que marcher promptement vers son dénouement, grâce à l'intérêt universel, pressant dont elle est palpitante et dont les gouvernements sont mis en demeure de se préoccuper enfin.

Mais, en attendant l'organisation *pratique* de cet ordre d'idées qui doit assurer la réforme générale des maîtres comme des domestiques, n'est on pas frappé du désordre croissant de l'état des choses et de la criante insuffisance des moyens jusque-là connus de l'amoindrir et d'en pallier les dangers, dont le plus effrayant est, à coup sûr, l'intrusion si facile de certains scélérats chevronnés dans le sein des familles.

Quels sont, en effet, ces moyens ?

Le livret !

Le certificat !

Les bureaux de placement !

Le livret ! il date de loin ; de 1720, époque où

l'on exigeait que le domestique ayant servi et qui voudrait reprendre du service montrât *un congé par écrit.*

« C'était, disait-on, en vue de remédier à la
« rouerie de ceux qui, ayant commis quelque
« mauvaise action dans un quartier de la ville,
« passent dans d'autres, en changeant de nom,
« ce qui leur permet, inconnus qu'ils sont, de
« surprendre leurs nouveaux maîtres qui leur
« confient leurs maisons et leurs familles. »

C'est ce *congé par écrit* qui prit bientôt le nom de *livret.* Il devait énoncer la durée du service et le *motif* pour lequel il avait pris fin, à peine de cent francs d'amende.

Comme c'était le maître qui inscrivait sur le livret le *motif* de la sortie du domestique, ce *motif* devait être rarement en faveur de ce dernier et c'était une note qui le faisait exclure de toute condition avantageuse.

Sur la fin du siècle dernier, on autorisa le domestique, au cas où le maître lui refuserait une attestation, à demander au commissaire de son quartier un témoignage écrit de ce qu'il savait de sa conduite.

Le 5 octobre 1810 parut un décret qui maintint l'obligation du livret, mais du livret singulièrement réduit. On prohibe l'indication du *motif* de la sortie ou de toute mention de blâme ou de satisfaction. Ce même décret dispensait du livret tout domestique ayant servi cinq ans.

L'obligation du livret n'existait que dans les villes de 50,000 âmes et au-dessus.

Cette mesure du livret tomba bientôt en désuétude, et, en 1852, la Préfecture de police, à l'occasion d'une circulaire sur les bureaux de placement, déclara qu'il fallait renoncer à l'idée du *livret, fort intéressante* sans doute, mais qui était une question grave et complexe, et était, d'ailleurs, une matière du *domaine de la loi.*

Et pourtant, dix mois après cette déclaration solennelle et le 1er août 1853, cette même administration, se ravisant complètement, déclara

que : « les domestiques n'étant plus astreints à la
« formalité du livret, il ne reste aucun moyen de
« connaître leurs antécédents, ni même de cons-
« tater leur identité. Les chefs de famille se trou-
« vent contraints d'accueillir dans leurs maisons
« des individus dont ils ignorent jusqu'au nom,
« et auxquels ils sont obligés de confier leurs
« intérêts les plus chers et les plus intimes. Des
« gens perdus de vices, quelquefois de véritables
« malfaiteurs, parviennent ainsi à s'introduire
« dans les familles, et, après y avoir commis
« quelque grave méfait, disparaissent sans qu'il
« soit possible de suivre leurs traces. » Et l'obligation du livret est rétablie par ordonnance, alors
que l'auteur même de cette ordonnance avait
cependant proclamé que la matière devait *être
réglée par une loi, ne pouvant l'être dans une
simple ordonnance de police.*

Cette exigence du livret n'était qu'une appa-
rence de sollicitude pour les maîtres, car toute la
portée de l'ordonnance était concentrée sur l'in-

térèt exclusif des domestiques, puisque la circulaire antérieure du 8 octobre 1852 avait dit même taxativement que « ces dispositions n'ont été « admises que dans l'intérèt de la classe ouvrière, « le seul qui préoccupât ici le gouvernement et « la commission. »

Le livret ne devra même plus faire mention de *l'entrée* du domestique. On n'exige plus qu'un simple visa *de la sortie*, si bien que, ne pouvant plus mesurer entre la date de l'entrée et celle de la sortie la durée effective des services du porteur du livret ainsi réduit, on ne sait à quoi s'en tenir sur le caractère ambulatoire ou non des conditions diverses qu'il a faites.

C'est *aux maîtres*, dit l'auteur des dispositions, à faire *ce qu'ils pourront* et comme ils pourront en présence du livret ainsi réduit. Et c'est apparemment pour dorer la pilule que l'auteur de la circulaire veut faire avaler aux maîtres qu'il se sert de cette expression vraiment significative d'une touchante sollicitude pour eux : « C'est,

« dit-il, qu'il ne conviendrait pas à l'administra-
« tion D'IMPOSER SA PROTECTION AUX MAITRES! »
L'ironie est-elle assez piquante?

Comment donc le livret ainsi tronqué et réduit
à cet état complètement illusoire et même néga-
tif de renseignements pour le maître pouvait-il
jamais tenir? La Préfecture de police a dit que,
« autoriser le maître à charger le livret de ses
« propres griefs ou de ses appréciations person-
« nelles sur la moralité, le caractère ou l'aptitude
« du domestique, c'eût été livrer ce dernier à
« toutes les exigences et à tous les caprices! »
Cela nous paraît singulièrement exagéré. Mais
comment donc, à moins d'autoriser le domestique à se décerner à lui-même une mention
purement personnelle de son aptitude et de sa
moralité sur le livret ou, tout au moins, à y inscrire une réponse aux notes défavorables du
maître, comment donc sortir de ces difficultés?
Ce n'est pas ainsi que les choses se passent en
Prusse, où il est, par une ordonnance de 1846,

prescrit formellement que le certificat de conduite soit inscrit dans le livret par le maître.

Mais la crainte qu'avait sans doute alors la Préfecture de police *d'imposer sa protection aux maîtres* les a mis tout à fait de la sorte à la discrétion des domestiques, et c'est ainsi qu'a disparu le livret plus que tombé, désormais et pour toujours, en désuétude et dans le néant de sa lamentable insuffisance?

Le certificat de conduite succéda donc au livret et ne tarda pas à en avoir le même sort, mais par des raisons contraires. L'autorité supérieure n'eut pas besoin de prohiber ici l'indication du *motif de la sortie* ou de toute mention de blâme quelconque : les maîtres eux-mêmes, grâce à leur manque de courage, se chargèrent officieusement de cette prohibition, en n'osant pas refuser à leurs domestiques congédiés une attestation de pure complaisance : et il faut convenir, en effet, qu'il n'est rien moins qu'agréable d'inscrire de sang-froid sur un papier timbré le cachet de l'inconduite, de l'immoralité ou du défaut d'intelligence et d'aptitude d'une personne qui nous a servi pendant un certain temps, ou plutôt d'avoir à lui refuser le témoignage banal d'une demi-satisfaction, alors même qu'elle ne l'a pas mérité, et quand elle crie misère ! — Il est si peu de gens assez bien trempés du côté du caractère pour ne jamais transiger, sur les choses mêmes les moins importantes, avec leur conscience ! Aussi cèdent-ils, les uns aux prières, d'autres aux menaces, ceux-ci aux flatteries, ceux-là aux insistances d'intermédiaires. Combien en est-il qui, après l'expulsion de leurs domestiques escrocs ou voleurs avoués, se disent, au lieu de les livrer à la justice ou même de manifester leur légitime indignation et après avoir délivré une attestation plus ou moins vague de conduite passable à ces misérables : « Qu'ils aillent donc se faire pendre ail-« leurs ! » Et n'a-t on pas vu ces domestiques, sur le vu de ces certificats, dont la signature avait la plus haute portée, être acceptés par de nouveaux maîtres, déterminés par cette signature et victimes à leur tour des nombreux méfaits de ces récidivistes éhontés, promenant leur immoralité de condition en condition, grâce à cette coupable faiblesse des maîtres, et dont la statistique est véritablement alarmante. D'où la question toute naturelle de savoir si, en cas pareil, et de par l'application du principe de la responsabilité civile écrit dans l'article 1382 du code civil; le premier maître ne serait pas civilement responsable des conséquences d'une attestation si blâmable; et comment qualifier autrement que par une sorte de complicité morale cette attestation, puisque c'est elle qui a ouvert les portes au voleur, et comment ne pas taxer également de faux tout au moins un semblable témoignage?

Ce n'est point ainsi que se conduisent certains hommes de cœur et d'honneur et d'une certaine fermeté de caractère, tels que M. le conseiller Rolland de Villargues qui, le 31 août 1871, avait congédié son domestique après lui avoir donné

un certificat selon l'usage. Dans la soirée du
lendemain, sur ce double motif qu'il voulait avoir
un certificat conçu dans des termes différents et
que son maître lui devait encore 200 francs, le
domestique était revenu et avait exprimé sa
volonté avec cris et menaces. M. Rolland de Villargues, seul dans son appartement avec une servante âgée, s'était réfugié dans son cabinet pour
l'éviter. Puis, l'entendant venir la voix mena-
çante, il détacha d'une panoplie un couteau cata-
lan pensant avoir à se défendre. La porte s'étant
ouverte, une lutte s'engagea entre le maître et
le domestique, et c'est au milieu de cette lutte,
pendant laquelle tous deux avaient été renversés,
que l'arme que tenait le magistrat avait atteint
mortellement son adversaire au côté gauche de
la poitrine. Le blessé eut assez de force pour
descendre et parler au concierge avant de tomber de faiblesse. Transporté à l'hospice il y
mourut en arrivant. M. Rolland de Villargues
se constitua aussitôt prisonnier ; mais il fut absous

par la justice qui reconnut qu'il avait été en état
de légitime défense.

Certes, il est plus que probable que le domestique dont nous venons de parler n'en
avait pas été, dans cette circonstance, à son
coup d'essai dans l'art d'obtenir des certificats à
son gré et dans les formes et dans le style même
de son goût personnel. Que de maîtres avaient
sans doute cédé à ses menaces ! ! !

Pourquoi faut-il que le maître, dont M. Rolland de Villargues est l'exemple, soit une si
rare exception ? Le nombre des mauvais domestiques aurait à coup sûr singulièrement diminué
et l'administration a dû sentir, par cet exemple,
qu'elle avait un peu bien dévié du côté de l'esprit et de la langue en négligeant *d'imposer
aux maîtres une protection* qu'elle distribuait
aux domestiques avec une trop paternelle pro-
digalité !

Aussi, le certificat tomba-t-il promptement
dans le plus déplorable discrédit, réduit qu'il fut

ainsi, de par la faiblesse même des maîtres, à la plus banale des formalités. Son principal mérite est aujourd'hui d'être *illisible*, et c'est aussi heureux pour celui qui l'a fait et signé que pour celui qui veut s'en faire un appui et pour celui qui prétend y puiser des lumières et sa détermination. Et c'est encore à ce point de vue des faiblesses que nous avons signalées en fait de certificats que l'on peut dire avec raison que les maîtres n'ont pas peu contribué à la dépravation croissante des domestiques qui n'ont ainsi que trop appris à les mépriser!!!

Les bureaux de placement! — Les maîtres se plaignent constamment des surprises et des mésaventures domestiques dont ils sont chaque jour victimes en ce qui concerne la moralité de leurs serviteurs : c'est surtout, depuis le crime de la rue de Sèze, un concert unanime de doléances contre les bureaux de placement qui leur ont envoyé ces sujets, qu'ils avaient crus bons sur leur bonne mine ou sur la foi des affirmations de l'agent de placement, plus soucieux d'encaisser le montant d'un droit de plaçage que de s'enquérir de la moralité et des antécédents de celui qu'il place ! Comme si, au lieu de s'en rapporter à ces indications absolument fantaisistes ou à ces apparences trompeuses, ils ne devaient pas eux-mêmes subordonner l'introduction d'un sujet dans leur intérieur à des enquêtes minutieuses à cet égard, tant sur les antécédents et la conduite de celui-ci que sur la réputation et la moralité de sa famille !! Comme si, autrefois, on n'y regardait pas à deux fois avant d'accueillir sous son toit un serviteur dont on exigeait des états de services attestés et établis par des certificats réguliers et sur lequel, après interrogatoire détaillé sur son lieu d'origine et sur ses conditions antérieures, on allait aux renseignements !!! Et comme si, enfin, c'était dans l'intérêt des maîtres que fonctionnent les agences de placement !!!!

Lorsque les bureaux de placement se sont

établis, l'administration avait à choisir entre deux systèmes : ou bien le monopole fondé sur une organisation officielle et dont le titulaire eût été un agent direct ou indirect de l'administration, ou bien, admettant le principe de la liberté des transactions, laisser aux domestiques une latitude entière pour se placer par des connaissances ou de toute autre façon en dehors des bureaux.

C'est ce dernier système qui a été adopté par l'administration qui ne s'immisce en tout cela que par l'exigence de certaines conditions d'aptitude de la part des titulaires des bureaux et le règlement de divers détails laissés, du reste, aux municipalités locales, chargées de la surveillance de ces établissements et de la loyauté de leur gestion.

Il y a deux sortes de droits à percevoir : 1° un droit d'inscription, droit fixe de 50 centimes, indépendamment de tout placement ; 2° un droit de placement exigé seulement après l'obtention de l'emploi. Il existe certains bureaux qui exigent des postulants, à titre de garantie et d'avance sur le droit à percevoir, le dépôt préalable de certaines sommes qui leur seront restituées à la première réquisition, s'ils renoncent à être placés par le bureau dépositaire.

Ainsi, les bureaux de placement sont donc des établissements purement privés qui se bornent à l'indication des places de domestiques vacantes : rien de plus, rien de moins ; ce ne sont pas le moins du monde des bureaux de *renseignements*, mais des bureaux de *placement*. C'est ce qui faisait dire à la placeuse de l'assassin de Mme Cornet : « *Jamais je ne prends* « *ni ne donne de renseignements.* » Le maître peut officieusement indiquer au bureau de placement la vacuité qui s'est faite dans son service. Mais, s'il connaît le fonctionnement ordinaire et régulier des bureaux de placement, il n'a pas d'autres services à attendre de ces bureaux que l'envoi pur et simple d'un sujet.

Et c'est en cela justement que consiste, en général, l'erreur de certains maitres, et ils sont nombreux, qui s'imaginent que les bureaux de placement sont une création ou une émanation du pouvoir supérieur, et, dans cette con.-viction erronée, ils aiment à recevoir de celui-ci ou d'une institution spéciale sous sa dépendance le serviteur dont ils ne doutent pas un seul instant qu'il aura vérifié la moralité par l'exigence de renseignements qu'il lui est, à lui, *pouvoir supérieur*, si facile de se procurer au moyen des nombreux agents dont il dispose, depuis le dernier des agents de police jusqu'aux sommités des fonctionnaires. Et ce n'est certes pas l'une des moindres contradictions de notre caractère national que cette foi presque aveugle dans les inclinations obligées du gouvernement à protéger, défendre et développer nos intérêts et nos sentiments, nos personnes et nos biens, à ce point que nous le tenons, en quelque sorte, comme la providence née de toutes nos activités sociales et privées, nous en référant à lui, nous abandonnant à sa tutelle avec déférence, alors pourtant que nous ne manquons jamais l'occasion de l'attaquer, le critiquer, le suspecter tout au moins dans l'ordre universel de ses évolutions administratives et gouvernementales de chaque jour.

Il faut bien convenir que le gouvernement, ayant seul, chez nous, les moyens d'action, d'information, d'épreuves et d'enquête, grâce à ce réseau complet et même excessif d'instruments disséminés sur tous les points du territoire, depuis le garde champêtre de la plus petite commune rurale jusqu'aux sommités administratives départementales, inspire naturellement à tous cette sorte de démission instinctive ou d'abandon de nos initiatives individuelles refoulées vis-à-vis du fonctionnement réel ou supposé de la compétence et des ressorts du gouvernement. Voyez, par exemple, les effets importants de la police de Paris qui pourrait certainement, dans un laps de temps très restreint, facilement fournir à qui de droit les données les plus exactes et les plus circonstanciées sur la moralité des individualités parisiennes quelconques. — Oui, c'est au gouvernement qu'on s'en réfère, c'est à sa tutelle que nous aimons à croire, et sur elle que nous nous reposons avec nonchalance dans la plupart des choses de la vie et des affaires courantes, et nous étendons même facilement le cercle de ses pouvoirs, de ses attributions et de sa compétence. Est-ce, de notre part, indolence ou paresse d'esprit résultant de la mollesse native de ces races asiatiques dont nous descendons? Est-ce un reste traditionnel des mœurs de cette famille gauloise qui, façonnée par le pouvoir de vie et de mort que le chef avait sur chacun de ses membres au besoin de s'en référer complètement et de s'abandonner à sa tutelle, se reposait de toutes ses velléités, de toutes ses actions et ses besoins sur lui, et l'on sait assez les rapports qui ont toujours existé entre l'organisation domestique et la constitution publique; car, à mesure que l'État acquiert une organisation puissante qui absorbe les communautés particulières, l'importance de la famille s'efface et le pouvoir du chef s'amoindrit? Est-ce un effet de l'abus, chez nous, de la réglementation législative ou administrative de tous les intérêts et de toutes les activités? Est-ce, enfin, la conséquence forcée du pouvoir progressif de concentration politique et sociale que les démocraties comportent avec elles dans leurs développements? Toujours est-il que nous constatons ce fait de la confiance et d'un abandon presque absolu et en toutes choses du gouverné dans la tutelle présumée du gouvernement, et la coïncidence, singulièrement anormale, d'une sorte de besoin, chez ce même gouverné, de diriger, quand il en trouve l'occasion, ses suspicions, ses défiances et ses critiques contre le gouvernement dont il ne peut se passer!!!

Les bureaux de placement n'ont donc pas la mission d'assortir les domestiques aux maîtres et réciproquement, et bien que le mot *courtier* ait été prononcé pour définir le fonctionnement des agences de placement, il n'en est pas moins vrai qu'en fait comme en droit ce n'est que dans la simple indication aux postulants domestiques d'une vacance d'emploi que consiste l'opération de ces bureaux, uniquement constitués dans l'intérêt exclusif des domestiques, et c'est du domestique, mais jamais du maître, que le bureau de placement peut exiger une rétribution !

Il suit de là que les bureaux de placement ont si peu d'intérêt aux sortes d'assortiments dont nous venons de parler que leur intérêt est même tout contraire ; car plus le domestique fera de conditions différentes, plus il aura de droits d'inscription et de droits de placement à payer à ces bureaux, au grand profit de ceux-ci, et ce n'est pas la première fois qu'on aurait vu des bureaux de placement, après avoir placé un domestique, pousser à son déplacement afin de le mettre ainsi en coupe réglée et d'en faire un tributaire presque quotidien de l'agence. Et c'est, du reste, en ces termes que, dans sa circulaire du 8 octobre 1852, le Préfet de police, en signalant de nombreux abus de la part de ces agences, disait : « Il arrivait aussi qu'après « avoir procuré un emploi réel, le placeur cher- « chait lui-même à le faire perdre dans le but de « se procurer une meilleure rétribution! » — Pouvait-on jamais placer plus bas les bureaux de placement? Et pouvaient-ils jamais être con- damnés par une plus juste compétence? L'orga- nisation de ces bureaux de placement est telle que leur intérêt serait même de dissimuler les mauvais renseignements qu'ils pourraient avoir sur un sujet, puisqu'en les faisant connaître ils se priveraient de bien des droits de placement. La clientèle favorite de ces agences est donc celle des domestiques au jour le jour qui courent de condition en condition et n'offrent conséquemment aucune garantie.

Et ce n'est pas seulement de cette manière que l'exploitation des domestiques par les bureaux de placement se pratique. — On a vu, en effet, dans certains grands centres de population, des jeunes filles, venues ou même attirées de la campagne pour se vouer à la profession de domestique, s'adresser à ces agences, et qui, ornées de certains attraits physiques, ont trouvé le plus grand obstacle à leur placement en de bonnes maisons où une condition convenable les attendait dans le calcul de ces bureaux, lesquels, trouvant beaucoup plus lucratif le trafic de ces jeunes filles en vue de la prostitution que leur placement comme domestiques, n'ont pas craint, par la plus coupable des collusions avec des maisons de tolérance, de les détourner de la voie honnête qu'elles avaient choisie pour immoler leur innocence et leur virginité sur l'autel de la plus honteuse spéculation !

Ainsi, livret, certificat, bureaux de placement, toutes ces institutions se valent. C'est chose évidente ! et rien de plus insuffisant, tout au moins, et même de plus nuisible aujourd'hui aux maîtres comme aux domestiques, mais aux premiers surtout !

C'est par ces successives et tristes épreuves que les rapports entre maîtres et domestiques se sont singulièrement gâtés. Il en est même qui vont jusqu'à y voir le renversement complet de ces rapports naturels et convenus, à y voir une révolution parfaite, et c'est même l'avis d'un écrivain d'infiniment d'esprit, l'un des principaux rédacteurs du journal *la France* qui s'exprime ainsi : « Ce n'est plus du tout le maître qui « choisit le domestique ; c'est le domestique qui « choisit le maître, qui fait le renchéri, qui dicte « ses conditions, qui pose au besoin son *ulti-* « *matum*, et l'on pourrait parfaitement, retour- « nant la phrase de Beaumarchais, dire à pré-

« sent : *Aux qualités que l'on exige dans un* « *maître, connaîtriez-vous beaucoup de valets* « *qui fussent dignes de commander* (1)? » — La vérité pour être dite ainsi en riant, avec esprit, n'en est que plus saisissante!!

Résumant donc ici nos précédentes réflexions, nous dirons que toute la question des domestiques et des maîtres est actuellement dans la question des *Renseignements*.

Et cependant, a-t-on jamais vu une indifférence semblable à celle que les maîtres apportent depuis un certain temps dans le choix de leurs serviteurs? Considérant comme le plus grand des maux la moindre vacance ou même interruption dans leur service, ils sont prêts, pour échapper à cette contrariété, à accepter sous leur toit et les yeux fermés la première personne venue et ils s'en tiennent, avec une impardonnable légèreté à cet égard, soit aux

(1) M. Henry Second, rédacteur à la *France*.

affirmations sans consistance d'un agent de placement, soit à la production d'un certificat plus ou moins banal, soit même aux simples apparences, et c'est ainsi qu'ils introduisent journellement dans leur intérieur des gens perdus de vices et d'une immoralité qui ne tardent pas à y porter le trouble quand ils n'aboutissent pas à quelque drame du genre de celui de la rue de Sèze, auquel cas un véritable affolement s'empare des esprits jusqu'au point de nuire à toute la classe des domestiques !

Et cette indifférence ou insouciance des maîtres dans la question si grave qui nous occupe est d'autant plus inexplicable qu'elle forme le plus parfait contraste avec le soin jaloux et les innombrables et méticuleuses précautions qui président, de la part des mêmes personnes, aux actes les plus ordinaires et les plus fréquents mais aussi bien moins importants de la vie. — Qu'il s'agisse de consentir un prêt quelconque à un emprunteur ou d'acquérir une propriété, aussitôt on se met en campagne; on ne va pas, on court, on vole aux renseignements : on frappe, au besoin, à toutes les portes, on puise à toutes les sources pour parvenir à s'éclairer ou s'édifier soit sur la solvabilité de l'emprunteur, soit sur les avantages ou les défauts de l'objet qu'on veut acquérir. On multiplie les démarches et on ne recule devant aucun obstacle pour obtenir une complète lumière!! — Mais, qu'il s'agisse d'introduire dans son foyer un serviteur quelconque pour lui confier le dépôt et la garde des intérêts les plus sacrés de la famille, on n'y regarde pas de si près : on y apporte une légèreté qui n'a d'égale que celle qu'on met dans les investigations et renseignements en matière matrimoniale où la dot est le principal objectif auquel on sacrifie les conditions constitutives du bonheur conjugal. Aussi bien, l'agent de placement aurait-il donc osé envoyer un individu suspect? Celui-ci n'a-t-il pas, d'ailleurs, un bon certificat? La physionomie et les dehors du sujet ne sont-ils pas, enfin, une garantie certaine qu'il réunit les conditions voulues? Et aussitôt les portes du sanctuaire de la famille de s'ouvrir à deux battants à quelque malfaiteur qui portera bien vite la perturbation dans cet intérieur. Et, chose inouie! jamais la peinture de cette insouciance n'a été mieux faite que par l'assassin de Mme Cornet, qui certes s'y connaissait mieux que personne, lorsqu'il a dit après son crime : « Faut-il « donc que les maîtres soient BÊTES pour pren- « dre ainsi des domestiques sans renscigne- « ments!!! »

Or, c'est cette insouciance dont il importe de refouler le déplorable courant en recherchant le meilleur moyen d'arriver à la sûreté des informations sur ceux qui sont envoyés par les bureaux de placement pour se placer comme domestiques. Il faut, à tout prix, opposer aux bureaux de placement, fonctionnant uniquement dans l'intérèt des domestiques et en même temps intéressés, comme nous l'avons démontré, à dissimuler même les mauvais renseignements, s'il en existait sur un sujet, une institution qui, agissant dans l'intérêt des maîtres, soit comme le contre-poids ou le contrôle de ces agences.

Comment résoudre le problème? Deux voies s'offrent ici : faut-il recourir au système de l'intervention de l'État ou bien laisser cette matière dans le domaine de l'initiative privée dont elle parait surtout dépendre?

De quelle manière pourrait donc, dans le premier système et dans une question de cette nature, se produire l'intervention de l'État?

Il est, d'abord, hors de doute, ainsi que nous l'avons dit plus haut, que nul, mieux que le gouvernement, n'est en situation de scruter les individualités même les plus mystérieuses au moyen du vaste réseau d'agents de toute nature dont il tient et fait mouvoir les fils et qui enveloppe le pays tout entier. Il détient et concentre, en outre, dans les notes du casier judiciaire, toutes les lumières sur la vie et les antécédents des individus.

Or, si, à l'exemple de la Convention nationale au siècle dernier, l'État, partant de ce principe que le domestique est un élément de luxe, établissait des lois somptuaires sur le domestique en échange de l'immense service qu'il rendrait aux maîtres en leur fournissant, sur ceux qu'ils prennent chez eux comme serviteurs, les renseignements qui peuvent seuls assurer leur sécurité, n'y aurait-il pas là une garantie sérieuse de la certitude des informations, indépendamment de ce que le gouvernement trouverait incontestablement, dans l'application de ces lois somptuaires lui donnant le droit de percevoir des taxes pour les renseignements qu'il fournirait ainsi aux particuliers, d'importantes ressources budgétaires, avantages qu'un gouvernement ne doit jamais dédaigner?

Seulement, ce système de l'intervention de l'État n'est pas à l'abri de certaines objections.

Il en est deux qui nous frappent : d'une part, en effet, s'il arrivait exceptionnellement que, malgré les informations satisfaisantes fournies par l'État sur un sujet domestique entrant dans une famille, celui-ci vint, ensuite, à commettre quelque grave méfait dans le sein de cette famille, cet événement qui ne manquerait pas de devenir, de la part d'une presse toujours hostile, le thème d'attaques vigoureuses contre le gouvernement ne serait-il pas de nature à porter une sérieuse atteinte à son crédit? D'un autre côté, ne serait-il pas à craindre que l'on ne suspectât un jour le gouvernement de transformer son intervention dans le choix des serviteurs en un instrument de police pouvant constituer un trouble pour la paix des familles?

C'est ce qui nous fait préférer de beaucoup le second système consistant à laisser entièrement à l'initiative privée le soin de pourvoir à ce grand intérêt de la sécurité des familles au moyen des renseignements.

Il existe, à Paris, certains bureaux ou agences de renseignements qui, agissant en dehors de toute autorisation administrative et dans la plénitude de leur liberté, ont pour but de fournir les renseignements les plus circonstanciés sur des commerçants inconnus de villes de province plus ou moins éloignées à d'autres commerçants de la capitale, auxquels les premiers demandent des fournitures à crédit.

Le mécanisme de ces agences est des plus simples : le négociant qui veut recourir à ces auxiliaires pour obtenir des informations sur des clients nouveaux se fait délivrer par l'agence, moyennant une rétribution qui constitue la rémunération ou le bénéfice de celle-ci, un cahier de bulletins dont le prix varie suivant le nombre de feuillets. — Chaque fois que le commerçant veut obtenir un renseignement soit sur la solvabilité, soit sur le crédit du commerçant éloigné qui veut entrer en rapport d'affaires avec lui, il détache un bulletin du carnet ou cahier, le remplit des questions sur lesquelles il désire une pleine lumière et l'envoie à l'agence. Celle-ci recueille les renseignements et renvoie à son client le bulletin contenant le résultat de ses informations.

Ces agences sont pourvues de fiches et de dossiers classés avec ordre et constituant comme une sorte de casier sur les personnes au sujet desquelles elles sont appelées à donner des renseignements (état civil, — conduite, — moralité, — situation de fortune, de famille, — situation commerciale, etc...).

Or, c'est précisément sur le modèle et à l'image de ces agences que pourraient être établies et organisées des agences spécialement destinées à recueillir des renseignements sur les individus qui se présentent comme domestiques dans les maisons, soit qu'ils y soient envoyés par des bureaux de placement, soit qu'ils s'y présentent spontanément.

Que si, maintenant, on trouvait que les titulaires de ces agences n'offrent pas de suffisantes garanties, bien que la sanction de leur responsabilité fût dans le discrédit certain dont leurs agences seraient bien vite atteintes si leurs informations venaient à n'être pas sûres, il est un autre moyen, toujours dans la sphère de l'initiative privée, qui nous semble le meilleur de tous et dont nous nous bornons à indiquer ici le principe sans entrer dans les détails même de son organisation.

Le plus puissant levier de notre société moderne, c'est le principe de l'Association. C'est grâce à l'application de ce principe, qui tend à se développer de plus en plus en France, que de grandes forces sociales, inconnues autrefois, ont été créées et surgissent chaque jour. Voyez les merveilleux résultats produits par l'association des capitaux qui a résolu des difficultés immenses et a soulevé comme des montagnes : Les chemins de fer, les grandes industries ont surgi de ce développement de l'esprit d'association et la puissance des intérêts, en se groupant de la sorte, a été centuplée. — D'autre part, jamais des intérêts ne seront mieux satisfaits que lorsqu'ils chercheront eux-mêmes leur satisfaction, puisqu'il n'y a rien de tel, dit-on, que de *faire ses affaires soi-même* en supprimant les intermédiaires. Or, de même qu'on a vu, dans ces derniers temps, des intérêts de toute nature se grouper ainsi et former pour leur défense ce qu'on appelle des syndicats, syndicats professionnels et autres, de même les maîtres, ne pourraient-ils donc pas, dans les grands centres de population, constituer ainsi des syndicats dont le but serait de centraliser toutes les informations et renseignements possibles sur le personnel de la domesticité et auxquels chaque maître serait tenu de donner des notes complètes sur les serviteurs qui quittent son service. — Nous ne parlons ici que des grandes villes, parce que la vérité y est très difficile à connaître sur tous les individus qui composent comme une sorte de population flottante, car, dans les petites localités, les individualités sont, en général, parfaitement connues et, en tout cas, peuvent l'être bien vite grâce à la facilité de recueillir les renseignements.

Et cette importance des renseignements dans l'intérêt des maîtres n'est pas moindre, en sens inverse, pour le domestique qui cherche une condition. Car il faut bien dire qu'il existe des maîtres qui sont de véritables fléaux pour leurs serviteurs et qui ne peuvent conserver aucuns domestiques dont ils changent comme de vêtements. — Et comme ce n'est certes pas des bureaux de placement que les domestiques, non plus que les maîtres, ont à attendre la lumière, toujours parce que ces bureaux, en recherchant ou signalant la vérité, se priveraient inévitablement de la perception d'un bénéfice et que, dès lors, leur intérêt est bien plus satisfait par les mauvais maîtres comme par les mauvais domestiques, lesquels assurent l'instabilité permanente des services, source de leurs profits, il faut bien également que le domestique puisse être éclairé sur le maître chez lequel il veut entrer. Car quelle cause de douloureux mécomptes et de préjudice pour un domestique de réelle valeur que la rencontre d'un maître qui, par suite des vices d'un caractère variable et d'une humeur exigeante et fantasque, ne peut tolérer aucun serviteur? — Il importe donc que cet intérêt du domestique trouve également sa légitime satisfaction dans des institutions que l'initiative privée des intéressés peut seule faire surgir, toujours de l'application, selon nous, du grand et salutaire principe de l'association!

Voilà, à notre sens, comment peut être résolu actuellement le problème qui occupe à si juste titre l'opinion publique.

Il est aisé maintenant de se rendre compte de

l'identité des résultats produits par l'Esclavage et par la Liberté au point de vue de La Domesticité. — De même, en effet, que, sous le régime odieux de l'esclavage, le maître, égaré par une *fâcheuse interprétation* de ses droits, se livrait à tous les .excès de son despotisme, de même, le domestique de nos jours, égaré par une *fâcheuse interprétation des idées démocratiques*, se livre aux excès du principe d'égalité. Il est donc vrai que les extrèmes se touchent! Mais il n'est pas moins vrai pour nous que le *Respect de soi-même* et la *Modération* sont les deux grands leviers du monde moral, et qu'avec eux et par eux il n'est aucune question, si ardue qu'elle soit, qui ne puisse être résolue?

Mais qui donc a fourvoyé le domestique dans la *fausse interprétation* de la démocratie et des principes de liberté et d'égalité? —Qui lui a fait ainsi confondre aveuglément l'esclavage et la domesticité? — Qui lui a soufflé l'esprit de dénigrement et de défiance à l'égard de son maître?

— Qui lui inspire le dégoût de sa profession? — Qui, sinon une littérature innomée, pleine d'exagération et d'envie, et qui, bien qu'elle s'appelle la lance d'Achille, ne guérira jamais les blessures qu'elle a faites. Ne lui opposera-t-on donc jamais un contre-poison dans des publications spéciales qui rétabliraient la vérité dans l'esprit et le cœur du domestique?

Mais de ces exagérations diverses la plus funeste au domestique qui rougit de l'être, c'est, indépendamment de son erreur sur la nature et le caractère du contrat qui intervient entre lui et son maître et de sa méconnaissance de l'élévation même de sa profession si digne d'estime, sa fausse appréciation de *l'obéissance*. Servir n'est rien, dit-il; mais *obéir!!!* Frontin du *Méchant* ne dit-il pas :

> « On est bien malheureux d'être né pour servir !
> « Travailler ce n'est rien, mais toujours obéir!... »

Obéir est un mot qui, dans toutes les langues,

est d'une portée désobligeante, en ce qu'il impli-
que l'idée de soumission et d'infériorité. Et pourtant, est-il un mot qui soit d'une application plus
universelle? Et qui donc peut se dire complètement indépendant des autres et de soi-même?
Qui donc n'obéit pas, l'un à ses intérêts, l'autre
à ses passions, celui-ci à ses faiblesses, celui-là
à ses vices, d'autres à la voix de la conscience
et du devoir? Devoir et conscience ! Maîtres sublimes dont la tyrannie, la seule ici-bas légitime,
fait l'honneur même de ceux qui savent chaque
jour se l'imposer!!! Est-ce que la politesse, ce
don parfait de l'éducation, est autre chose qu'une
forme permanente de l'obéissance? Tout chef
d'État n'est-il pas, par sa responsabilité, le premier, sinon le plus exposé des serviteurs de
Dieu? Et ce qu'il y a de plus admirable en ce
monde, l'ordre, est-il autre chose que le résultat
de l'obéissance, la discipline? L'univers, enfin,
n'obéit-il pas aux lois immuables de son créa-
teur? Et si l'homme et l'univers obéissent,

l'homme, comme l'a dit Pascal, a l'éternel honneur de la supériorité de l'esprit sur la matière, l'homme *sait* qu'il obéit et l'univers *ne le sait pas!!!*

FIN.

TABLE DES MATIÈRES

CHAPITRE II

IMPERFECTIONS ET VICES DE LA DOMESTICITÉ

CHAPITRE III

CAUSES DU MAL QUI AFFECTE LA DOMESTICITÉ

CHAPITRE IV

REMÉDES ET SOLUTIONS. — RÉFORME DES MAÎTRES
ET DES DOMESTIQUES

Remèdes à l'état maladif de la domesticité. — De 'a
suppression absolue du domestique : Abraham Lincoln et sir Thomas Talford. — Le *service à la
tâche :* son impossibilité. — Impuissance de la législation ; influence des mœurs. — La réforme d'en
bas par la réforme d'en haut. — Réforme du maître par l'éducation de la femme. — Le *Respect de
soi-même.* — Les grands hommes et leurs domestiques. — Lord Chesterfield et Fénelon. — Modification des rapports du maître et du serviteur par la
démocratie. — Réforme des domestiques : son im-

Paris. — Soc. d'imp. P. Dupont, 41, rue J.-J.-Rousseau (Cl.) 85.8.85.

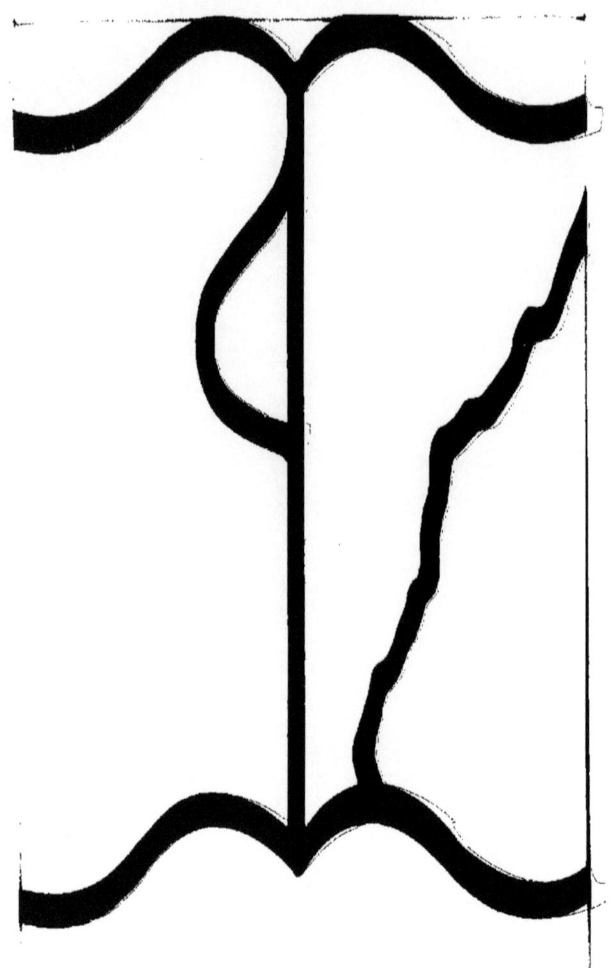

Texte détérioré — reliure défectueuse

NF Z 43-120-11

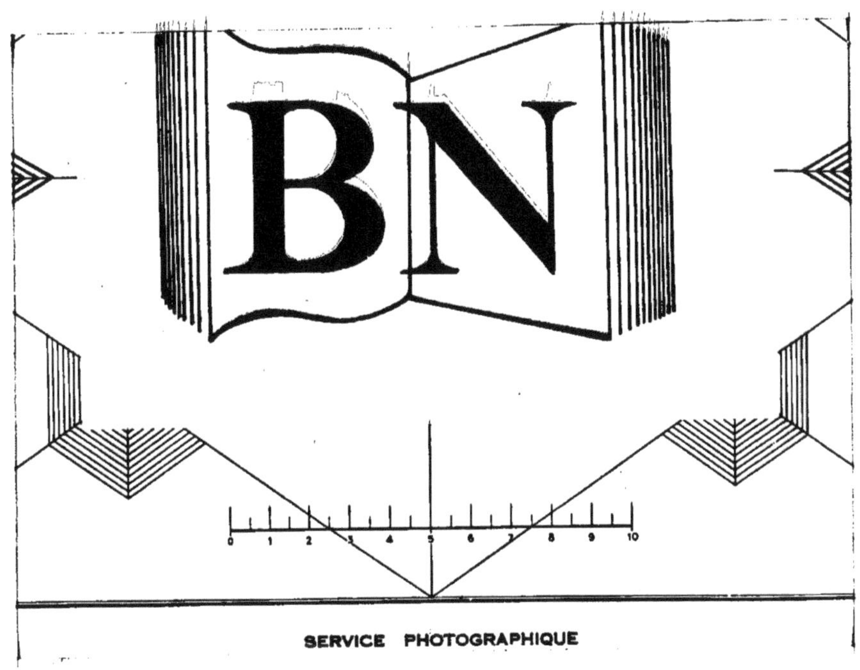
BN
0 1 2 3 4 5 6 7 8 9 10
SERVICE PHOTOGRAPHIQUE